中学校技術・家庭科　家庭分野

1人1台端末を活用した授業づくり

題材設定から評価まで

筒井　恭子　編著

はじめに

　「生きる力」をより一層育むことを目指す中学校学習指導要領が令和3年4月より全面実施となりました。子供たちには，予測困難な社会の変化に主体的に関わり，自ら考え，よりよい社会と幸福な人生の創り手となる力を身に付けることが求められています。

　また，GIGA スクール構想により整備された1人1台端末を効果的に活用し，「個別最適な学び」「協働的な学び」の一体的な充実を進め，「主体的・対話的で深い学び」の視点からの授業改善につなげて資質・能力を確実に育成することが求められています。

　社会全体が，新型コロナウイルス感染症と共に生きていくという状況の中で，私たちは，改めて家族・家庭や，人が生きていくために欠かすことのできない食べることや着ること，住まうことなどの重要性を再認識することになりました。中学校技術・家庭科　家庭分野の学習は，家族・家庭，衣食住，消費生活・環境などについて，生活の自立に必要な知識及び技能を身に付け，よりよい生活の実現に向けて，身近な生活の課題を解決する力と家族や地域の人々と協働して生活を工夫し創造しようとする実践的な態度を養うことをねらいとしています。家庭分野で育成を目指す「生活を工夫し創造する資質・能力」は，生涯にわたって健康で豊かな生活を送るための自立に必要なものとして今後ますます重要となります。

　本書は，家庭分野の学習で育成を目指す資質・能力，指導計画の作成，授業づくり，学習評価について解説するとともに，「主体的・対話的で深い学び」の実現に向けて全国各地で取り組まれた ICT を効果的に活用した実践事例を紹介したものです。ねらいの達成に向けてどのように ICT を活用するのかを家庭分野の学習過程に沿ってまとめ，具体的な資料を掲載しています。また，1人1台端末の活用については，Q&Aでそのポイントを紹介しています。

　各学校においては，本書を生かし，学びの質を一層高める魅力あふれる家庭分野の授業が展開されることを期待しています。本書が，家庭分野の授業はとても役に立つ，学ぶ意義があると子供たちが言ってくれるような授業を目指している先生方の一助となることを心から願っています。

令和4年8月

編著者　筒井恭子

CONTENTS

Chapter1
技術・家庭科
家庭分野の授業づくりと
評価のポイント

1　中学校技術・家庭科　家庭分野で育成を目指す資質・能力

　今回の改訂では，中央教育審議会答申を踏まえ，「生きる力」をより具体化し，教育課程全体を通して育成を目指す資質・能力を三つの柱に整理するとともに，各教科等の目標や内容についても，この三つの柱に基づき再整理が図られている。

　ア　「何を理解しているか，何ができるか（生きて働く「知識・技能」の習得）」

　イ　「理解していること・できることをどう使うか（未知の状況にも対応できる「思考力・判断力・表現力等」の育成）」

　ウ　「どのように社会・世界と関わり，よりよい人生を送るか（学びを人生や社会に生かそうとする「学びに向かう力・人間性等」の涵養）」

技術・家庭科の目標

　生活の営みに係る見方・考え方や技術の見方・考え方を働かせ，生活や技術に関する実践的・体験的な活動を通して，よりよい生活の実現や持続可能な社会の構築に向けて，生活を工夫し創造する資質・能力を次のとおり育成することを目指す。

(1)　生活と技術についての基礎的な理解を図るとともに，それらに係る技能を身に付けるようにする。

(2)　生活や社会の中から問題を見いだして課題を設定し，解決策を構想し，実践を評価・改善し，表現するなど，課題を解決する力を養う。

(3)　よりよい生活の実現や持続可能な社会の構築に向けて，生活を工夫し創造しようとする実践的な態度を養う。

　目標の柱書には，技術・家庭科が，よりよい生活や持続可能な社会の構築の礎となる生活を工夫し創造する資質・能力を育成することを示している。

　(1)については，生徒が自立して主体的な生活を営むために必要とされる技術分野，家庭分野それぞれの基礎的・基本的な知識と，それらに係る技能の習得の重要性を示したものである。

　(2)については，変化の激しい社会に主体的に対応するために，技術・家庭科における一連の学習過程に沿って学習することにより，生活や社会の中から問題を見いだして，課題を解決する力を育成することを示している。

　(3)については，(1)及び(2)で身に付けた資質・能力を活用し，自分と生活や社会との関わりを見つめ直し，よりよい生活の実現や持続可能な社会の構築を目指して将来にわたり生活を工夫したり創造したりしようとする実践的な態度を養うことを明確にしたものである。

　今回の改訂では，小学校家庭科，中学校技術・家庭科家庭分野，高等学校家庭科を通じて育成を目指す資質・能力を(1)「知識及び技能」，(2)「思考力，判断力，表現力等」，(3)「学びに向かう力，人間性等」の三つの柱に沿って整理している。また，小・中・高等学校の内容の系統

性を明確にし，各内容の接続が見えるように，小・中学校においては，「A家族・家庭生活」「B衣食住の生活」「C消費生活・環境」の三つの内容としていることから，小・中学校5学年間で系統的に資質・能力を育成することが求められている。

　家庭分野で育成を目指す資質・能力（「何ができるようになるか」）は，分野の目標に，(1)「知識及び技能」，(2)「思考力，判断力，表現力等」，(3)「学びに向かう力，人間性等」の三つの柱に沿って示している。また，目標の柱書には，「生活を工夫し創造する資質・能力」と示すとともに，(1)から(3)までに示す資質・能力の育成を目指すに当たり，質の高い学びを実現するために，家庭分野の特質に応じた物事を捉える視点や考え方，「生活の営みに係る見方・考え方」を働かせることについて示している。

家庭分野の目標

　生活の営みに係る見方・考え方を働かせ，衣食住などに関する実践的・体験的な活動を通して，よりよい生活の実現に向けて，生活を工夫し創造する資質能力を次のとおり育成することを目指す。

(1)　家族・家庭の機能について理解を深め，家族・家庭，衣食住，消費や環境などについて，生活の自立に必要な基礎的な理解を図るとともに，それらに係る技能を身に付けるようにする。

(2)　家族・家庭や地域における生活の中から問題を見いだして課題を設定し，解決策を構想し，実践を評価・改善し，考察したことを論理的に表現するなど，これからの生活を展望して課題を解決する力を養う。

(3)　自分と家族　家庭生活と地域との関わりを考え，家族や地域の人々と協働し，よりよい生活の実現に向けて，生活を工夫し創造しようとする実践的な態度を養う。

1　知識及び技能

　(1)の目標は，学習内容として主に家庭生活に焦点を当て，家族や家庭，衣食住，消費や環境などに関する内容を取り上げ，生活の自立に必要な基礎的な理解を図るとともに，それらに係る技能を身に付けることについて示している。家庭分野で習得する「知識及び技能」は，生活の自立に必要な基礎的な理解を図るための知識とそれらに係る技能であり，家庭生活と家族についての理解，衣食住についての理解とそれらに係る技能，消費生活や環境に配慮した生活についての理解とそれらに係る技能等が挙げられる。家庭分野で習得する知識が，個別の事実的な知識だけでなく，生徒が学ぶ過程の中で，既存の知識や生活経験と結び付けられ，家庭分野における学習内容の本質を深く理解するための概念として習得され，家庭や地域などにおける様々な場面で活用されることを意図している。それらに係る技能を身に付けることについても同様に，一定の手順や段階を追って身に付く個別の技能だけではなく，それらが自分の経験や他の技能と関連付けられ，変化する状況や課題に応じて主体的に活用できる技能として習熟・定着することが求められる。

2 思考力，判断力，表現力等

(2)の目標は，次のような学習過程を通して，習得した「知識及び技能」を活用し，「思考力，判断力，表現力等」を育成することにより，課題を解決する力を養うことを明確にしたものである。家庭分野においては，家族・家庭や地域における生活の中から，家族・家庭生活や衣食住の生活，消費生活・環境について問題を見いだし，課題をもって考え，これからの生活を展望して解決する力を養うことである。課題を解決する力として，次のような力が挙げられる。

①家族・家庭や地域における生活の中から問題を見いだし，解決すべき課題を設定する力
②課題解決の見通しをもって計画を立てる際，生活課題について多角的に捉え，解決方法を検討し，計画，立案する力
③課題の解決に向けて実践した結果を評価・改善する力
④計画や実践について評価・改善する際に，考察したことを論理的に表現する力

家庭科，技術・家庭科（家庭分野）の学習過程の参考例

生活の課題発見	解決方法の検討と計画		課題解決に向けた実践活動	実践活動の評価・改善		家庭・地域での実践
既習の知識・技能や生活経験を基に生活を見つめ，生活の中から問題を見いだし，解決すべき課題を設定する	生活に関わる知識・技能を習得し，解決方法を検討する	解決の見通しをもち，計画を立てる	生活に関わる知識・技能を活用して，調理・制作等の実習や，調査・交流活動などを行う	実践した結果を評価する	結果を発表し，改善策を検討する	改善策を家庭・地域で実践する

※上記に示す各学習過程は例示であり，上例に限定されるものではないこと

3 学びに向かう力，人間性等

(3)の目標は，(1)及び(2)で身に付けた資質・能力を活用し，自分と家族，家族生活と地域との関わりを見つめ直し，家族や地域の人々と協働して生活を工夫し創造しようとする実践的な態度を養うことを明確にしたものである。よりよい生活の実現に向けて，生活を工夫し創造しようとする実践的な態度とは，家族・家庭生活，衣食住の生活，消費生活・環境に関する家族・家庭や地域における様々な問題を，協力・協働，健康・快適・安全，生活文化の継承，持続可能な社会の構築等の視点で捉え，一連の学習過程を通して身に付けた力を，生活をよりよくするために生かし，実践しようとする態度について示したものである。このような実践的な態度は，家庭分野で身に付けた力を家庭，地域から最終的に社会の中で生かし，社会を生き抜く力としていくために必要である。

なお，「見方・考え方」と資質・能力は相互に支え合う関係であり，(1)，(2)，(3)のいずれにおいても「生活の営みに係る見方・考え方」を働かせ，協力，健康・快適・安全，生活文化の

継承の大切さ，持続可能な社会の構築等の視点で家族・家庭や地域における様々な問題を捉え，資質・能力の育成を図ることが大切である。

2 家庭分野の内容構成と各内容

1 家庭分野の内容構成

　今回の改訂における内容構成は，小・中・高等学校の系統性の明確化，空間軸と時間軸の視点からの学習対象の明確化，学習過程を踏まえた育成する資質・能力の明確化の三つの考え方に基づいたものである。1で述べた資質・能力を育成するために「何を学ぶのか」，内容構成のポイントは，次に示すとおりである。

① 小・中学校ともに「A家族・家庭生活」，「B衣食住の生活」，「C消費生活・環境」の三つの内容とし，各内容及び各項目の指導が系統的に行えるようにしている。

② 空間軸と時間軸の視点から学習対象を捉え，学校段階を踏まえて指導内容を整理している。中学校における空間軸の視点：主に家庭と地域，時間軸の視点：これからの生活を展望した現在の生活

③ 各内容の各項目は，「知識及び技能」の習得に係る指導事項アと，アで習得した「知識及び技能」を活用して「思考力・判断力・表現力等」を育成することに係る指導事項イで構成し，学習過程を踏まえ，関連を図って取り扱うこととしている。

④ 「生活の課題と実践」については，各内容に位置付け，生徒の興味・関心や学校，地域の実態に応じて，「A家族・家庭生活」の(4)，「B衣食住の生活」の(7)及び「C消費生活・環境」の(3)の三項目のうち，一以上を選択して履修させることとしている。その際，他の内容と関連を図り，実践的な活動を家庭や地域などで行うことができるよう配慮することとしている。

⑤ 家族・家庭の基本的な機能については，「A家族・家庭生活」の(1)「自分の成長と家族・家庭生活」に位置付け，家庭分野の各内容と関連を図るとともに，家族・家庭や地域における様々な問題を，協力・協働，健康・快適・安全，生活文化の継承，持続可能な社会の構築等の視点から捉え，解決に向けて考え，工夫することと関連付けて扱うこととしている。

⑥ 社会の変化に対応し，各内容を見直している。

・「A家族・家庭生活」においては，少子高齢社会の進展に対応して，家族や地域の人々と関わる力の育成を重視し，高齢者など地域の人々と協働することや高齢者との関わり方について理解することなどを扱うこととしている。

・「B衣食住の生活」においては，食育を一層推進するために，献立，調理に関する内容を充実するとともに，グローバル化に対応して，和食，和服など日本の生活文化の継承に関わる内容を扱うこととしている。

・「C消費生活・環境」においては，持続可能な社会の構築に対応して，計画的な金銭管理，消費者被害への対応について扱うとともに，資源や環境に配慮したライフスタイルの確立の基礎となる内容を扱うこととしている。

　⑥のAからCの各内容については，生活の科学的な理解を深めるための実践的・体験的な活動を充実することに留意する。次に，各内容についてさらに詳しく解説する。

2 各内容のポイント

A 家族・家庭生活

(1)「自分の成長と家族・家庭生活」については，第1学年の最初にガイダンスとして扱うこととしている。家族・家庭の基本的な機能がAからCまでの各内容に関わっていることや，家族・家庭や地域における様々な問題について，協力・協働，健康・快適・安全，生活文化の継承，持続可能な社会の構築等を視点として考え，解決に向けて工夫することが大切であることに気付かせるようにする。少子高齢社会の進展に対応して，(2)「幼児の生活と家族」では，幼児と触れ合う活動などを一層充実している。

(3)「家族・家庭や地域との関わり」のアの(イ)には，高齢者など地域の人々と協働することに関する内容を新設している。家庭や地域との連携を図り，人と関わる活動を充実することにより，生徒が家庭生活や地域を支える一員であることを自覚できるようにしている。また，高齢者の身体の特徴についても触れ，介護の基礎に関する体験的な活動ができるよう留意し，高等学校家庭科における高齢者の介護に関する学習につなげるようにしている。

B 衣食住の生活

食生活については，小・中学校の内容の系統性を図り，小・中学校ともに「食事の役割」，「栄養・献立」，「調理」の三つの内容とし，基礎的・基本的な知識及び技能を確実に習得できるようにしている。(1)「食事の役割」については，「健康によい食習慣」を自分自身のこととして考えることができるようにするため，「中学生の栄養の特徴」とともに扱うこととしている。(3)「日常食の調理と地域の食文化」の調理の学習では，義務教育段階における基礎的・基本的な知識及び技能の習得のため，小学校の「ゆでる，いためる」に加え，「煮る，焼く，蒸す等」の調理方法を扱うこととしている。また，日本の食文化への理解を深めるために，「地域の食材を用いた和食の調理」では，だしと地域又は季節の食材を用いた煮物又は汁物について扱うこととしている。

衣生活については，小・中学校の内容の系統性を図り，小・中ともに(5)「生活を豊かにするための布を用いた製作」を扱うこととしている。製作における基礎的・基本的な知識及び技能を習得するとともに，生活を豊かにしようとする態度の育成につなげることを意図したものである。中学校においては，資源や環境に配慮する視点から，衣服等の再利用の方法についても触れることとしている。また，(4)「衣服の選択と手入れ」の学習では，日本の生活文化への理解を深めるために，日本の伝統的な衣服である和服について触れることとしている。「衣服の計画的な活用」においても，衣服の購入から廃棄までを見通し，資源や環境に配慮することの大切さに気付かせるようにしている。

住生活については，中学校では，安全な住まい方の学習の充実を図り，(6)「住居の機能と安全な住まい方」において，幼児や高齢者の家庭内の事故を防ぎ，自然災害に備えるための住空間の整え方を重点的に扱うこととしている。これは，少子高齢社会の進展や自然災害への対策が一層求められていることなどに対応したものである。また，小・中学校の内容を整理し，「音と生活との関わり」につ

いては，小学校で扱い，「住居の基本的な機能」の一部や，これまで中学校で扱っていた「室内の空気調節」については，小学校でも扱うこととしている。さらに，日本の生活文化への理解を深めるために，日本の伝統的な住様式等を扱うことなどが考えられる。

C　消費生活・環境

　内容「C消費生活・環境」については，キャッシュレス化の進行に伴い，小・中・高等学校の内容の系統性を図り，中学校に金銭の管理に関する内容を(1)**「金銭の管理と購入」**のア(ア)に新設し，多様な支払い方法に応じた計画的な金銭管理が必要であることを理解できるようにしている。また，消費者被害の低年齢化に伴い，消費者被害の回避や適切な対応が一層重視されることから，「売買契約の仕組み」と関連させて**「消費者被害」**について扱うこととしている。**「売買契約の仕組み」**については，クレジットカードなどの三者間契約についても扱うこととしている。さらに，持続可能な社会の構築の視点から，消費生活と環境を一層関連させて学習できるようにし，(2)**「消費者の権利と責任」**について理解するとともに，消費者としての責任ある消費行動を考え，環境に配慮したライフスタイルの確立の基礎を培うこととしている。

生活の課題と実践

　今回の改訂では，知識及び技能などを実生活で活用することを重視し，**「生活の課題と実践」**については，A，B，Cの各内容に位置付け，他の内容と関連を図り，実践的な活動を家庭や地域などで行うことができるよう配慮することとしている。具体的には，生徒の興味・関心や学校，地域の実態に応じて，「A家族・家庭生活」の(4)，「B衣食住の生活」の(7)，「C消費生活・環境」の(3)の三項目のうち，一つ以上を選択して履修させることとしている。各学校においては，3学年間を見通して，「生活の課題と実践」をどの学年に，どの内容と関連を図って位置付けるのかを検討する必要がある。

(1)　「生活の課題と実践」のねらい

　この学習では，生活の中から問題を見いだして課題を設定し，様々な解決方法を考え，計画を立てて実践した結果を評価・改善し，考察したことを論理的に表現するなどの学習を通して，課題を解決する力と生活を工夫し創造しようとする実践的な態度を養うことをねらいとしている。このねらいを達成するためには，基礎となる学習と関連を図る内容を検討し，効果的に学習が展開できるよう題材の配列を工夫する必要がある。

(2)　履修の方法や時期

　各内容の「生活の課題と実践」の項目については，全ての生徒が履修する内容を学習した後に履修させる場合や，学習する途中で，「生活の課題と実践」と組み合わせて履修させる場合が考えられる。いずれの場合も，他の内容と関連を図り，3学年間で一つ以上選択して履修できるよう，生徒や学校，地域の実態に応じて，系統的な指導計画になるよう配慮する必要がある。また，履修の時期については，全ての生徒が履修する内容との組合せ方により，学期中のある時期に集中させて実施したり，特

定の期間を設けて継続的に実施したり，長期休業を活用して実施したりするなどの方法が考えられる。いずれの場合も生徒が生活の課題を具体的に解決できる取組となるように学習の時期を考慮し，効果的に実施できるよう配慮することが大切である。

(3) 課題の設定

衣食住などの生活を見直して課題を設定し，計画，実践，評価・改善という一連の学習活動を重視して問題解決的な学習を進めることが大切である。その際，課題の設定については，各内容の指導項目それぞれの指導事項ア及びイで身に付けた知識や生活経験などをもとに問題を見いだし，生徒の興味・関心等に応じて，他の内容と関連させて課題を設定できるようにする。

例えば，Chapter 3 の事例 4，事例12，事例15では，次の表のように課題を設定している。

	事例 4 幼児の遊びプロジェクト	事例12 我が家の食品管理大作戦	事例15 自立した消費者として 行動しよう
指導 項目	A(4) 「家族・家庭生活についての課題と実践」	B(7) 「衣食住の生活についての課題と実践」（食生活）	C(3) 「消費生活・環境についての課題と実践」
基礎 となる 学習	A(2) 「幼児の生活と家族」	B(3) 「日常食の調理と地域の食文化」 ア(ア)用途に応じた食品の選択 (イ)食品の安全と衛生に留意した管理 (ウ)基礎的な日常の調理	C(1) 「金銭の管理と購入」 ア(ア)購入方法や支払い方法の特徴 (イ)物資・サービスの選択に必要な情報の収集・整理
関連 を図る 学習	B(5) 「生活を豊かにするための布を用いた製作」	C(2) 「消費者の権利と責任」	B(4) 「衣服の選択と手入れ」 ア(ア)衣服の選択 イ日常着の選択の工夫
課題	幼児の発達を促す遊び道具を作ろう	我が家の食品管理大作戦に取り組もう	修学旅行の衣服購入をしよう
学習 活動	「幼児の遊びプロジェクト」の計画を立てて家庭や地域で実践する。実践の結果を評価・改善し，新たな課題を見付ける。	「我が家の食品管理大作戦」の計画を立てて家庭で実践する。実践の結果を評価・改善し，新たな課題を見付ける。	修学旅行の衣服購入の計画を立てて家庭や地域で実践する。実践の結果を評価・改善し，新たな課題を見付ける。

指導に当たっては，実生活と結び付けながら生活に生かしたいことを記録するなど，問題を見いだすことができるよう配慮する。さらに，計画をグループで発表し合ったり，実践発表会を設けたりするなどの活動を工夫し，実践の成果や課題が明確になるよう配慮する必要がある。

3 家庭分野の授業づくり

1 家庭分野における学習過程

　ここでは，家庭分野を「どのように学ぶのか」，1において述べた三つの柱に沿った資質・能力を育成する学びの過程について述べる。平成28年12月中教審答申では，「家庭科，技術・家庭科　家庭分野で育成することを目指す資質・能力は，『生活の営みに係る見方・考え方』を働かせつつ，生活の中の様々な問題の中から課題を設定し，その解決を目指して解決方法を検討し，計画を立てて実践するとともに，その結果を評価・改善するという活動の中で育成できる」とし，その学習過程を下図のように4段階で示している。

家庭科，技術・家庭科（家庭分野）の学習過程のイメージ

生活の課題発見	解決方法の検討と計画		課題解決に向けた実践活動	実践活動の評価・改善		家庭・地域での実践
既習の知識・技能や生活経験を基に生活を見つめ，生活の中から問題を見いだし，解決すべき課題を設定する	生活に関わる知識・技能を習得し，解決方法を検討する	解決の見通しをもち，計画を立てる	生活に関わる知識・技能を活用して，調理・制作等の実習や，調査・交流活動などを行う	実践した結果を評価する	結果を発表し，改善策を検討する	改善策を家庭・地域で実践する

　それぞれの段階で育成する力について確認してみよう。

①生活の課題発見
既習の知識及び技能や生活経験を基に家族・家庭や地域における生活を見つめることを通して，問題を見いだし，解決すべき課題を設定する力を育成する。

ポイント：自分の生活の実態に基づいて問題を認識し，解決すべき課題について考え，課題を明確化すること

②解決方法の検討と計画
生活に関わる知識及び技能を習得し，解決策を構想し，解決の見通しをもって計画を立てる際，生活課題について多角的に捉え，解決方法を検討し，計画，立案する力を育成する。

ポイント：他者からの意見等を踏まえて，計画を評価・改善し，最善の方法を判断・決定できるようにすること

③課題解決に向けた実践活動
学習した知識・技能を活用し，調理・製作等の実習や，調査，交流活動等を通して，課題の解決に向けて実践する力を育成する。

ポイント：知識及び技能を活用することにより，その一層の定着を図ること

④実践活動の評価・改善
実践した結果等を振り返り，考察したことを発表し合い，他者からの意見を踏まえて改善策を検討するなど，実践活動を評価・改善する力を育成する。

ポイント：考察したことを根拠や理由を明確にして筋道を立てて説明したり，発表したりできるようにすること

なお，この学習過程は，生徒の状況や題材構成等に応じて異なることに留意する必要がある。家庭や地域での実践についても一連の学習過程として位置付けることも考えられる。

　家庭分野においては，このような一連の学習過程を通して，よりよい生活の実現に向けて，身近な生活の課題を主体的に捉え，具体的な実践を通して，課題の解決を目指している。そのため，生徒が課題を解決できた達成感や，実践する喜びを味わい，次の学習に主体的に取り組むことができるようにしたい。また，3学年間を見通して，このような学習過程を工夫した題材を計画的に配列し，課題を解決する力を養うことが大切である。

2 「主体的・対話的で深い学び」の実現に向けた授業改善

　ここでは，1で述べた資質・能力を育成するために，前述の家庭分野の学習過程を踏まえ，「どのように学ぶのか」，「主体的な学び」「対話的な学び」「深い学び」の視点から，「見方・考え方」を働かせて資質・能力を育成する授業づくりについて述べる。

※網かけは，技術・家庭科における視点

「主体的な学び」の視点

現在及び将来を見据えて，生活や社会の中から問題を見いだし課題を設定し，見通しをもって解決に取り組んだり，学習の過程を振り返って実践を評価・改善して，新たな課題に主体的に取り組んだりすることがポイント

　題材を通して見通しをもたせる場面では，何のために学習するのか，その目的を明確にすることによって，生徒が学ぶ意義を自覚できるようにすることが大切である。そのためには，家族・家庭や地域における生活の営みへの興味・関心を喚起し，家族・家庭や地域における生活の中から問題を見いだして課題を設定し，その解決に取り組むことができるようにしたい。例えば，「日常着の材料や汚れ方に応じて，どのように洗濯するとよいのだろう？」という題材を通した課題をもち，追究する生徒の意識の流れに沿って学習が展開するよう学習過程を工夫することが大切である。「なぜ，そのようにするのだろう？」と洗濯の手順に疑問をもち，試行錯誤する活動を通して基礎的・基本的な知識及び技能の習得に粘り強く取り組むことができるようにする。

　題材を振り返る場面では，実践を評価し，改善策を構想したり，新たな課題を見付け，次の学びにつなげたりするなど，生徒が，生活の課題を解決しようと学び続けることができるようにすることが重要である。そのためには，学習した内容を実際の生活で生かす場面を設定し，自分の生活が家庭や地域社会と深く関わっていることを認識したり，自分が社会に参画できる存在であることに気付いたりすることができる活動などを充実させる必要がある。

「対話的な学び」の視点

他者と対話したり協働したりする中で，自らの考えを明確にしたり，広げ深めたりすることがポイント

「対話的な学び」は，**題材のあらゆる場面**で設定することが考えられる。例えば，**解決方法を探る場面**では，試しの活動や実験・実習等を協働して行い，その結果をグループで話し合うことにより，自分の考えと友達の考えの共通点や相違点を見付け，より深く考えることができる。その際，グループの考えを1人1台端末を活用して集約・分類するなど，互いの考えを可視化し，比較できるようにすることが大切である。**実践を振り返る場面**では，グループでそれぞれが発表して終わるのではなく，「なぜ，その方法にしたのか？」など，ペアで聞き合うなどの活動も考えられる。また，家庭分野においては，家族・家庭や地域の生活における課題を解決するために，家族や地域の人，企業の人にインタビューしたり，学んだりする活動などが取り入れられている。家族や地域の人々など他者との関わりを通して，生徒が自分の考えを明確にし，考えを広げることができるようにすることが大切である。

「深い学び」の視点
生徒が生活や社会の中から問題を見いだして課題を設定し，その解決に向けた解決策の検討，計画，実践，評価・改善といった一連の学習活動の中で，生活の営みに係る見方・考え方や技術の見方・考え方を働かせながら課題の解決に向けて自分の考えを構想したり，表現したりして，資質・能力を獲得することがポイント

課題解決に向かう中で，生徒が既習事項や生活経験と関連付けて意見交流したり，家庭や地域で調べたことを発表し合ったりする活動を通して，「生活の営みに係る見方・考え方」を拠り所として，解決方法を検討する。また，実践活動を振り返る中でこの見方・考え方を働かせて改善策を構想する。**こうした学習過程において，**生徒が「生活の営みに係る見方・考え方」を働かせることができていたかを確認しつつ，指導の改善につなげることが大切である。

このような学びを通して，生活に関する事実的知識が概念的知識として質的に高まったり，技能の習熟・定着が図られたりする。また，このような学びの中で「対話的な学び」や「主体的な学び」を充実させることによって，家庭分野が育成を目指す思考力，判断力，表現力等も豊かなものとなり，生活についての課題を解決する力や，生活を工夫し創造しようとする態度も育まれる。「深い学び」の視点から授業改善し，生徒が「見方・考え方」を働かせて学ぶことができるような題材全体のデザインを考えることが求められている。

3 家庭分野における「見方・考え方」

「主体的・対話的で深い学び」の実現に向けた授業改善を進めるに当たり，特に，「深い学び」の視点に関して，家庭分野における学びの深まりの鍵となるのが，目標の柱書に位置付けられた「生活の営みに係る見方・考え方」である。

家庭分野が学習対象としている「家族や家庭，衣食住，消費や環境などに係る生活事象を，協力・協働，健康・快適・安全，生活文化の継承・創造，持続可能な社会の構築等の視点で捉え，生涯にわたって，自立し共に生きる生活を創造できるよう，よりよい生活を営むために工

夫すること」を示したものである。

図は，家庭分野の内容と「生活の営みに係る見方」における視点の関係について示したものであり，例えば，家族・家庭生活に関する内容では，主に「協力・協働」，衣食住の生活に関する内容では，主に「健康・快適・安全」や「生活文化の継承・創造」，さらに，消費生活・環境に関する内容では，主に「持続可能な社会の構築」の視点から物事を考察することが考えられる。なお，中学校においては，「生活文化の継承・創造」は「生活文化を継承する大切さに気付くこと」を視点として扱うことに留意する。この「見方・考え方」に示される視点は，家庭分野で扱う全ての内容に共通する視点であり，相互に関わり合うものである。したがって，生徒の発達の段階を踏まえるとともに，取り上げる内容や題材構成等によって，いずれの視点を重視するのかを適切に定めることが大切である。複数の内容から題材を構成する場合は，これらを踏まえ，題材における見方・考え方の視点の重点の置き方を検討する必要がある。

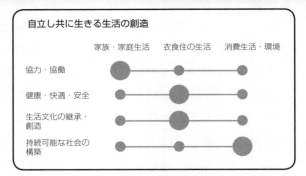

家庭分野の内容と「生活の営みに係る見方」における視点

※主として捉える視点については大きい丸で示している。

4 家庭分野における ICT（1人1台端末等）を活用した授業づくり

家庭分野では，「生活の営みに係る見方・考え方を働かせ，衣食住などに関する実践的・体験的な活動を通して，よりよい生活の実現に向けて，生活を工夫し創造する資質・能力を育成すること」を目指している。この資質・能力を育成するためには，課題の発見，計画，実践，評価・改善という一連の学習過程において「主体的・対話的で・深い学び」の視点からの授業改善を行うことが大切である。GIGA スクール構想（1人1台端末・高速ネットワーク）により，ICT の特性，強みを生かした教育活動を行うことで，「個別最適な学び」と「協働的な学び」の一体的な充実[1]を進め，「主体的・対話的で深い学び」の視点からの授業改善につなげることが期待される。生徒の思考の過程や結果を可視化したり，考えたことを瞬時に共有化したり，情報を収集し，編集したりすることを繰り返し行い，試行錯誤する学習場面において，コンピュータや情報通信ネットワークを積極的に活用することが求められている。家庭分野においては，課題解決に向けて計画を立てる場面において，情報通信ネットワークを活用して調べたり，実践を評価・改善する場面において，コンピュータを活用して結果をまとめ，発表し

1　文部科学省「学習指導要領の趣旨の実現に向けた個別最適な学びと協働的な学びの一体的な充実に関する参考資料」
（令和3年3月版）

たりする活動が考えられる。

　ここでは，GIGA スクール構想により整備された１人１台端末等を活用した家庭分野の授業づくりについて，文部科学省の「GIGA スクール構想のもとでの各教科等の指導についての参考資料（令和３年６月）」[2]をもとに具体的に述べる。（網かけは参考資料より抜粋）

　家庭分野の特質を踏まえた各学習過程における１人１台端末を活用する際のポイントは，次のとおりである。

各学習過程における１人１台端末の効果的な活用

1　生活の課題発見

生活を見つめ，生活の中から問題を見いだし，解決すべき課題を設定する場面
撮影しておいた生活事象の前後の写真や動画等を同時に閲覧することにより，生活の中にある問題を見いだしたり，一人一人の知的好奇心を喚起したりする。また，一人一人の問題意識や気付きをメモに入力し，データを共有することで，課題設定につなげる。

　題材の導入で，生活場面の写真，イラスト，動画やアンケートを用いて，「何が課題なのか」，「なぜそのようにするのか」を考えることにより，学習への興味・関心や意欲を高めることが考えられる。例えば，自分の食生活や消費生活の実態等を把握することにより，問題を見いだし，課題を設定することが考えられる。Chapter 3 の事例３では，地域の行事や活動への参加状況をアンケートから把握することにより，地域の人々と協働する必要性について考え，その結果を共有し，地域の人々とよりよく関わるための課題の設定につなげている。

2　解決方法の検討と計画

生活に関わる知識及び技能を習得し，解決方法を検討する場面
調理や製作における作業工程等をクラウド上に保存した動画の URL を子供たちに一斉送信することにより，情報を共有するとともに，情報を一人一人が端末に保存し，繰り返し動画を閲覧することで，知識及び技能の習得につなげる。

　知識及び技能の習得場面で，写真や動画を拡大したり編集したりして一部を見せることにより，学習内容の理解を図ることが考えられる。例えば，調理や製作の示範で，教師の細かな手の動きが拡大され，生徒は，そのポイントを明確につかむことができる。まつり縫いの仕方を１人１台端末を用いて動画で確認し，自分の縫い方とどこが違うのかを考え，何度も確認しながら練習し，技能の習得を図ることができる。「包丁の扱い方や材料の切り方」における手の使い方・動かし方などについても動画を用いることにより，同様に具体的なイメージをもたせ

2　文部科学省「GIGA スクール構想のもとでの中学校技術・家庭科（家庭分野）の指導について」

ることが期待できる。さらに，実験，実習等で活用することにより，実感を伴って理解を深めることができる。事例7では，ムニエルの調理実験の結果を付箋に記入し，それらをまとめることにより，ムニエルの調理の仕方を科学的に理解することができ，解決方法の検討につながる。観察，実験，実習等の結果の図表やグラフ，写真等をプレゼンテーションソフトを用いてまとめ，発表することにより，考えを共有することができる。

解決の見通しをもち，計画を立てる場面

クラウド上に保存してある過去の作品や作り方の詳細な写真や動画データを繰り返し閲覧し，活用することにより，一人一人の調理・製作等の計画の立案につなげる。

　調理や製作，献立作成等について，生徒が各自の課題に取り組む際，クラウドの共有フォルダに保存してある過去の作品や調理，献立等を活用することが考えられる。事例5では，料理カードやデジタル教材などを活用して主菜，副菜等を選び，栄養バランスを確認して，1日分の献立作成につなげている。また，教師がそれらを学習支援ソフトを活用して収集し，電子黒板に映して共有することにより，生徒が自分の献立の見直しに生かすことが考えられる。さらに，オンラインにより，外部人材からアドバイスをもらい，計画の立案に生かすことなども考えられる。事例2では，こども園の保育教諭のアドバイスを触れ合い体験の実践計画につなげている。

③　課題解決に向けた実践活動

生活に関わる知識及び技能を活用して調理・製作等の実習や調査・交流活動などを行う場面

・各自が収集した情報（作品等の写真，動画データ）を保存することにより，それらを活用して解決方法を検討できるようにする。
・試行錯誤した足跡を残すことで，自己の変容を自覚できるようにする。
・互いの実習する様子を撮影し保存することで，各自の技能や言動を可視化し，技能の習得状況の把握や自己評価・改善に生かすことができるようにする。

　調理や製作の過程で，例えば，「切り方」や「縫い方」の動画を活用することにより，一人一人の理解やつまずきの状況に応じた学びを進めることができ，生徒の知識及び技能の定着につなげることが考えられる。一人一人が異なる物を製作したり，調理したりする場合，生徒の技能や進度に応じた学習を進める上で有効である。また，実践活動においては，注目したいプロセスや完成した作品・調理などを写真や動画として撮影し，それを振り返りに活用し，技能の習得状況を把握したり，自己評価や改善に生かすことが考えられる。事例10では，衣服の再利用の仕方や製作の様子を写真等で記録し，製作の発表や振り返りに生かしている。

4　実践活動の評価・改善

実践した結果を評価・改善したり，改善策を検討したりする場面
- 撮影した動画により，自己の実習等の様子（言動）を振り返り，自己理解や自己評価・改善に生かすことができるようにする。
- 課題の振り返りを保存することで，自己の成長や思考の変容の様子を確認することができるようにする。

　調理や製作等の様子を撮影した動画により，自らの実践について振り返り，次の課題を見付けたり，改善策を検討したりすることが考えられる。また，友達の工夫を大画面で共有し，自分の実践に生かすことができる。さらに，相互評価の根拠としても活用することが考えられる。事例4では，対象児の発達に応じた遊び道具の製作を振り返り，改善につなげている。振り返りを保存することで，自己の成長や思考の変容，これからの課題を確認することができる。

5　家庭・地域での実践

家庭や地域での実践活動を振り返り，評価・改善する場面
- 家庭や地域での実践の様子について，写真や動画での撮影，保護者からのコメントなどを保存し，その情報を共有することで，具体的な説明につなげたり，実践の改善に生かしたりすることができるようにする。
- 学習支援ソフトの一覧表示する機能を活用することで，自己評価，相互評価に生かすことができるようにする。

　家庭や地域での実践活動については，例えば，調理の実践，生活の課題と実践の様子を撮影した写真や動画，保護者からのコメントなどを保存し，報告会などの具体的な発表に生かしたり，実践の評価・改善に生かしたりすることが考えられる。また，これらの写真等は，作品集やレシピ集の資料とすることが考えられる。さらに，学習支援ソフトの一覧表示機能を活用することで，家庭実践のまとめを共有し，自己評価，相互評価に生かすことが考えられる。

　このように，生徒がより具体的なイメージをもって課題を設定し，見通しをもって主体的に学習を進めたり，互いの考えを共有して思考を深めたり，振り返って新たな課題を見付けたりする活動を充実することが重要である。各事例のICT（1人1台端末）の活用については，資料1・2に示すとおりである。

資料1　各事例で取り上げたICT（1人1台端末）の活用場面

場面＼事例	1	2	3	4	5	6	7	8	9	10	11	12	13	14	15
(1)生活の課題発見	●○		●	○			○					○			○
(2)解決方法の検討			○			●○	●	●	○	○	●○		●○	●	●
(3)解決方法の計画		●	○	●	○			●		○	○		●		●
(4)課題解決に向けた実践活動									○						
(5)実践活動の評価・改善		○			○		○	○	●	●		●	○	○	
(6)家庭・地域での実践					○							○			○

●本時　○その他の時間　※各事例の「ICT（1人1台端末）の主な活用場面と活用のポイント」を参照

資料2　題材における ICT（1人1端末）の活用（事例13）

題材	よりよい生活を創る計画的な金銭管理と購入の工夫（6時間）					
小題材（時数）	[1]自分や家族の消費生活(1)	(2)購入方法・支払い方法と計画的な金銭管理(3)			(3)物資・サービスの選択・購入(2)	
学習過程	1. [生活の課題発見] ・生活を見つめる。 ・問題を見いだし、課題を設定する。	2. [解決方法の検討と計画] ・知識及び技能を習得し、解決方法を検討する。			3. [課題解決に向けた実践活動] ・解決の見通しをもち、計画を立てる。 ・知識及び技能を活用し、物資・サービスの選択・購入などを行う。	4. [実践活動の評価・改善] ・実践した結果を評価する。 ・結果を発表し、改善策を検討する。
活用場面	自分や家族の消費生活を振り返る場面【1時間目】	購入方法や支払い方法の特徴についてまとめる場面【2時間目】	消費者被害の適切な対応の仕方についてまとめる場面【3時間目】	模擬家族が購入する物の優先順位や支払い方法を検討する場面【4時間目】	模擬家族が購入する洗濯機を選択する場面【5時間目】	模擬家族の洗濯機購入について評価・改善する場面【6時間目】
学習活動	◆模擬家族の消費生活の画像を学習支援ソフトを活用し画面共有し、大型提示装置に映して考え、家族の消費生活について考え、課題を設定する。	◆学習支援ソフトを活用して画面共有し、大型提示装置に映して購入方法や支払い方法の利点と問題点についてまとめたことを発表する。	◆1人1端末を活用して、消費者被害とその適切な対応の仕方について調べ、まとめたことを発表する。	◆1人1端末を活用して、模擬家族が購入する物の優先順位や支払い方法について考えたことを発表する。	◆1人1端末を活用して、洗濯機の情報を収集・整理する。選択した洗濯機をグループで発表し合う。	◆1人1端末を活用して、交流したことをもとにさらにふさわしい洗濯機を再度選択する。
活用のメリット（ICTの活用）	・模擬家族の消費生活から自分や家族の消費生活に興味・関心をもち、学習に対する意欲を高めることができる。 ・自分や家族の消費生活について疑問点や気付きをデジタル付箋に記入し、共有することで課題設定につなげることができる。	・デジタルワークシートの活用により、購入方法や支払い方法の利点や問題点を共有することができ、その特徴についての理解を深めることができる。	・自転車購入における消費者被害やその対応について、インターネットを活用することにより情報を短時間で集めることができ、適切な対応をまとめる際に効果的である。	・模擬家族が購入する物のカードや支払い方法のカードを用いることにより、購入計画の具体的なイメージをもつことができる。 ・画面上でカードを動かすことにより、自分の考えを整理することができるとともに、容易に意見共有することができる。	・クラウド上に保存してある洗濯機の情報を、必要に応じて確認でき、短時間で情報を整理することができる。 ・デジタル付箋を活用してアドバイスを送り合うことで、考えを広げ深めることができる。	・洗濯機の種類ごとに色分けしたデジタルルシートを活用することで瞬時に把握でき、よりよい選択に向けて工夫・改善することができる。
学習形態	一斉学習	一斉学習・個別学習	個別学習・個別学習	個別学習・協働学習	個別学習・協働学習	個別学習・協働学習

【活用したソフトや機能】学習支援ソフト、カメラ機能、コメント機能、プレゼンテーション機能、ファイル共有機能

単位時間の学習において ICT（1人1台端末）を活用する際のポイントは次のとおりである。

・導入の場面では，今日の学習課題が何かを明確にするために活用することがポイントとなる。
　例えば，電子黒板等に教師が生活場面を提示したり，生徒へのアンケート結果を提示したりして意識を高めることが考えられる。

・展開の場面では，課題解決のために追究するツールとして活用することがポイントとなる。
　例えば，実験結果を記録したり，互いの考えを交流してまとめたり，実習の様子を撮影して振り返ったりするなど，学習の主体となる生徒自身が活用し，課題を解決することが考えられる。

・まとめの場面では，課題を追究して分かったことをまとめる際に活用することがポイントとなる。
　例えば，生徒がまとめたワークシート等を電子黒板に提示して全体で共有することが考えられる。また，教師からその時間のポイントを提示するなど，本時のまとめをすることなどが考えられる。

　ICT（1人1台端末）はあくまでもツールであり，具体的な活用の目的や場面等に十分留意する必要がある。家庭分野の一連の学習過程のどの場面で活用するのかを検討して学習指導を一層充実し，家庭分野で目指す資質・能力を確実に育成することが重要である。

5 家庭や地域社会との連携

　家庭分野の学習指導を進めるに当たっては，家庭や地域社会における身近な課題を取り上げて学習したり，学習した知識及び技能を実際の生活で生かす場面を工夫したりするなど，生徒が学習を通して身に付けた資質・能力を生活における問題解決の場面に活用できるようにする。そのことによって，生徒は，生活との関わりを一層強く認識したり，生活に関する様々なものの見方や考え方に気付いたり，自分の生活が家庭や地域社会と深く関わっていることや自分が社会に貢献できる存在であることにも気付いたりする。特に，家庭分野の指導事項「生活の課題と実践」においては，家庭や地域社会との連携を積極的に図り，効果的に学習が進められるよう配慮する。また，幼稚園，保育所，認定こども園や，消費生活センターなどの各種相談機関等との連携を図ることが考えられる。さらに，生活文化の継承の大切さを伝える活動などに，地域の高齢者の協力を得ることにより，効果的な学習を展開することができる。そのため，人的又は物的な支援体制を地域の人々の協力を得ながら整えるなど，地域社会との連携を図ることが大切である。

4 家庭分野における学習評価

1 学習評価の基本的な考え方

　今回の学習指導要領の改訂では，各教科等の目標や内容を「知識及び技能」，「思考力，判断力，表現力等」，「学びに向かう力，人間性等」の資質・能力の三つの柱で再整理したことを踏まえ，これらの資質・能力に関わる「知識・技能」「思考・判断・表現」「主体的に学習に取り組む態度」の三観点から評価するものとして整理された。「主体的に学習に取り組む態度」の

観点については，答申[3]において，「学びに向かう力・人間性等」には，「主体的に学習に取り組む態度」として観点別評価を通じて見取ることができる部分と，観点別評価や評定にはなじまず個人内評価を通じて見取る部分があることに留意する必要があるとしている。その上で，報告[4]や通知[5]において，知識及び技能を獲得したり，思考力・判断力・表現力等を身に付けたりすることに向けた粘り強い取組の中で，自らの学習を調整しようとしているかどうかを含めて評価するとしている。

2 家庭分野の評価の観点とその趣旨

技術・家庭科の評価の観点については，こうした考え方に基づいて，これまでの「生活の技能」と「生活や技術についての知識・理解」を「知識・技能」の観点として整理している。

家庭分野の評価の観点については，技術・家庭科と共通である。

目標

生活の営みに係る見方・考え方を働かせ，衣食住などに関する実践的・体験的な活動を通して，よりよい生活の実現に向けて，生活を工夫し創造する資質・能力を次のとおり育成することを目指す。

(1)	(2)	(3)
家族・家庭の機能について理解を深め，家族・家庭，衣食住，消費や環境などについて，生活の自立に必要な基礎的な理解を図るとともに，それらに係る技能を身に付けるようにする。	家族・家庭や地域における生活の中から問題を見いだして課題を設定し，解決策を構想し，実践を評価・改善し，考察したことを論理的に表現するなど，これからの生活を展望して課題を解決する力を養う。	自分と家族，家庭生活と地域との関わりを考え，家族や地域の人々と協働し，よりよい生活の実現に向けて，生活を工夫し創造しようとする実践的な態度を養う。

評価の観点及びその趣旨

知識・技能	思考・判断・表現	主体的に学習に取り組む態度
家族・家庭の基本的な機能について理解を深め，生活の自立に必要な家族・家庭，衣食住，消費や環境などについて理解しているとともに，それらに係る技能を身に付けている。	これからの生活を展望し，家族・家庭や地域における生活の中から問題を見いだして課題を設定し，解決策を構想し，実を評価改善し，考察したことを論理的に表現するなどして課題を解決する力を身に付けている。	家族や地域の人々と協働し，よりよい生活の実現に向けて，課題の解決に主体的に取り組んだり，振り返って改善したりして，生活を工夫し創造し，実践しようとしている。

---

3 中央教育審議会『幼稚園，小学校，中学校，高等学校及び特別支援学校の学習指導要領等の改善及び必要な方策等について（答申）』平成28年12月21日
4 平成31年1月21日　中央教育審議会初等中等教育分科会教育課程部会報告「児童生徒の学習評価の在り方について（報告）」
5 平成31年3月29日付け文部科学省初等中等教育局長通知「小学校，中学校，高等学校及び特別支援学校等における児童生徒の学習評価及び指導要録の改善等について（通知）」

3　　4　　5

評価の観点ごとに，その趣旨と実際の評価に当たっての留意点などを解説する。

「知識・技能」の評価

　この観点は，家庭分野の目標の(1)と関わっており，学習過程を通した個別の知識及び技能の習得状況について評価するとともに，それらを既有の知識及び技能と関連付けたり活用したりする中で，概念等として理解したり，技能を習得したりしているかについて評価する。

＜留意点＞なぜ，そのようにするのか，手順の根拠など，技能の裏づけとなる知識を確実に身に付け，学習過程において学習内容の本質を深く理解するための概念の形成につながるようにすることを重視したものである。また，基礎的・基本的な知識及び技能を身に付けるだけではなく，それらを活用する中で，新しい知識を獲得するなど，知識の理解の質を高めることを目指したものである。したがって，「知識」については，家族・家庭の基本的な機能について理解しているか，生活の自立に必要な家族や家庭，衣食住，消費や環境などに関する基礎的・基本的な知識を身に付けているかなどについて評価するとともに，概念等の理解につながっているかを評価する方法についても検討し，指導の改善につなげることが大切である。

　「技能」についても同様に，一定の手順や段階を追って身に付く個別の技能だけではなく，それらが自分の経験や他の技能と関連付けられ，変化する状況や課題に応じて主体的に活用できる技能として身に付いているかについて評価することに留意する必要がある。なお，「技能」については，例えば，調理など，生徒の生活経験が影響する場合も考えられることから，実習等においては，それらにも配慮して適切に評価することが求められる。

「思考・判断・表現」の評価

　この観点は，これまでの「生活を工夫し創造する能力」の趣旨を踏まえたものであるが，目標の(2)に示した一連の学習過程を通して，習得した「知識及び技能」を活用して思考力・判断力・表現力等を育成し，課題を解決する力が身に付いているかについて評価する。具体的には，①家族・家庭や地域における生活の中から問題を見いだし，解決すべき課題を設定しているか，②解決の見通しをもって計画を立てる際，生活について多角的に捉え，解決方法を検討し，計画，立案しているか，③課題の解決に向けて実践した結果を評価・改善しているか，④計画や実践について評価・改善する際に，考察したことを理論的に表現しているかなどについて評価するものである。

＜留意点＞従前の「生活を工夫し創造する能力」の観点においても課題の解決を目指すその過程での思考や工夫を評価することとしていたが，知識及び技能を活用して自分なりに工夫しているかについて評価することに重点を置く傾向が見られた。今回の改善では，例えば，日常の1食分の調理について，生徒が考えたり工夫し創造したりしたことについて評価するだけではなく，それに向けて課題をもち，食品の選択や調理の仕方などを考え，調理計画を工夫し，実践を評価・改善するまでのプロセスについて評価することに留意する必要がある。

　この観点は，目標の(3)を踏まえ，従前の「生活や技術への関心・意欲・態度」の観点と同様に，「生活を工夫し創造しようとする実践的な態度」について評価することとしている。前述のように①知識及び技能を獲得したり，思考力・判断力・表現力等を身に付けたりすることに向けた粘り強い取組を行おうとしている側面と，②粘り強い取組の中で，自らの学習を調整しようとする側面の二つの側面から評価するものであり，これらは相互に関わり合うものであることに留意する必要がある。

　例えば，幼児や高齢者など地域の人々との関わり方について，よりよく関わるために，幼児の心身の発達や高齢者の身体の特徴について調べ，粘り強く観察したり，関わり方を考え，触れ合ったり，協働したりして理解しようとしているかや，うまくいかなかったことなどを振り返って関わり方を改善するなど，自らの学習を調整しようとしているかなどについて評価するものである。

＜留意点＞この観点と関わる目標の(3)は，(1)及び(2)で身に付けた資質・能力を活用し，生活を工夫し創造しようとする実践的な態度を養うことを明確にしており，この観点は，他の二つの観点とも密接に関わっていることに留意する必要がある。さらに，実践的な態度には，家族と協力したり，地域の人々と協働したりしようとする態度のほかに，日本の生活文化を継承しようとする態度なども含まれており，題材に応じてこれらについて併せて評価することも考えられる。

　これらの三つの観点は，相互に関連し合っているので，各学校においては，評価の観点及びその趣旨を十分理解して適切な指導と評価の計画を作成することが重要である。

3　学習評価の進め方

　家庭分野の指導は，教科目標の実現を目指し，適切な題材を設定して指導計画の作成，授業実践，評価という一連の活動を繰り返して展開されている。生徒の学習状況の評価は，教科目標の実現状況をみると同時に，教師の指導計画や評価方法等を見直して学習指導の改善に生かすために行っている。すなわち，指導に生かす評価を工夫し，指導と評価の一体化を目指すことが求められている。

　題材における観点別学習状況の評価を実施するに当たっては，まずは年間の指導と評価の計画を確認し，その上で学習指導要領の目標や内容，「内容のまとまりごとの評価規準」[6]の考え方等を踏まえ，以下のように進める。

```
1　題材の検討
2　題材の目標の設定
3　題材の評価規準の設定
4　「指導と評価の計画」の作成
5　「指導と評価の計画」に基づいた授業，生徒の学習状況の評価
6　観点ごとに総括
```

1　題材の検討

　題材の設定に当たっては，生徒の発達の段階等に応じて，効果的な学習が展開できるよう，内容「A家族・家庭生活」から「C消費生活・環境」までの各項目及び指導事項の相互の関連を図るとともに，学校，地域の実態，生徒の興味・関心等に応じて，適切な題材を設定することが大切である。

2　題材の目標の設定

　題材の目標は，学習指導要領に示された分野の目標並びに題材で指導する項目及び指導事項を踏まえて設定する。

3　題材の評価規準の設定

　題材の評価規準は，「内容のまとまりごとの評価規準（例）」から題材において指導する項目及び指導事項に関係する部分を抜き出し，評価の観点ごとに整理・統合，具体化するなどして設定する。その際，「内容のまとまりごとの評価規準（例）」を作成する際の観点ごとのポイントについては，参考資料の第2編を参照する。今回の学習指導要領においては，「内容のまとまり」ごとに育成を目指す資質・能力が示されている。家庭分野の「内容のまとまり」は，「第2　各分野の目標及び内容」「2　内容」に示されている。この内容の記載がそのまま学習指導の目標になりうるため，内容の記載事項の文末を「～すること」から「～している」と変換したものなどを「内容のまとまりごとの評価規準」としている。すなわち，学習指導要領の記載と表裏一体をなす関係にあることに留意する。ただし，「思考・判断・表現」の観点については，学習指導要領の目標の(2)に思考力・判断力・表現力等の育成に係る学習過程が示されているため，これらを踏まえて「内容のまとまりごとの評価規準」を作成する。

　ここでは，Chaptar3　1人1台端末を活用した授業づくりモデルプランの事例13「よりよい生活を創る計画的な金銭管理と購入の工夫」の題材の評価規準を考えてみよう。この題材は，内容「C消費生活・環境」の(1)「金銭の管理と購入」のみで構成されているため，「内容のまとまりごとの評価規準（例）」は次の表のとおりであり，題材の評価規準も同様に設定することができる。知識・技能の観点については，題材によって重点を置くものが異なることに留意して評価規準を作成する。

6　国立教育政策研究所『「指導と評価の一体化」のための学習評価に関する参考資料〔中学校 技術・家庭〕』（令和2年3月）（以下，「参考資料」）第2編

題材「よりよい生活を創る計画的な金銭管理と購入の工夫（第1学年）」

	知識・技能	思考・判断・表現	主体的に学習に取り組む態度
内容のまとまりごとの評価規準（例）	C(1)ア(ア) ・購入方法や支払い方法の特徴が分かり，計画的な金銭管理の必要性について理解している。 C(1)ア(イ) ・売買契約の仕組み，消費者被害の背景とその対応について理解しているとともに，物資・サービスの選択に必要な情報の収集・整理が適切にできる。	物資・サービスの購入について問題を見いだして課題を設定し，解決策を構想し，実践を評価・改善し，考察したことを論理的に表現するなどして課題を解決する力を身に付けている。	よりよい生活の実現に向けて，金銭の管理と購入について，課題の解決に主体的に取り組んだり，振り返って改善したりして，生活を工夫し創造し，実践しようとしている。
題材の評価規準	・購入方法や支払い方法の特徴が分かり，計画的な金銭管理の必要性について理解している。 ・売買契約の仕組み，消費者被害の背景とその対応について理解しているとともに，物資・サービスの選択に必要な情報の収集・整理が適切にできる。	物資・サービスの購入について問題を見いだして課題を設定し，解決策を構想し，実践を評価・改善し，考察したことを論理的に表現するなどして課題を解決する力を身に付けている。	よりよい生活の実現に向けて，金銭の管理と購入について，課題の解決に主体的に取り組んだり，振り返って改善したりして，生活を工夫し創造し，実践しようとしている。

4 指導と評価の計画

　評価は，生徒の学習状況を捉えるとともに，指導計画に基づいて行われる学習指導の改善を目的として行うものであり，評価を学習指導に反映させるためには，指導計画の立案の段階から評価活動についても計画の中に位置付けていくことが必要である。題材の「指導と評価の計画」は次のとおり作成する。

> ① 題材の目標を踏まえ，毎時間の指導目標や学習活動等を示した指導計画を作成する。
> ② **題材における学習活動に即した具体的な評価規準**を設定し，評価計画に位置付ける。
> 　「内容のまとまりごとの評価規準（例）」→「『内容のまとまりごとの評価規準（例）』を具体化した例」→「題材における学習活動に即した具体的な評価規準」
> ③ 学習活動の特質や評価の場面に応じて適切な評価方法を設定する。

　②の「『内容のまとまりごとの評価規準（例）』を具体化した例」を作成するためには，「参考資料」第3編の「観点ごとのポイント」にしたがって「内容のまとまりごとの評価規準（例）」を具体化する。その際，「思考・判断・表現」については，分野の目標の(2)に示されている問題解決的な学習過程に沿って授業を展開し，四つの評価規準を設定して評価することに留意する。「主体的に学習に取り組む態度」については，学習過程における一連の学習活動において，粘り強く取り組んだり，その中で学習の進め方について試行錯誤するなど自らの学習を調整したりしようとする態度に加え，実践しようとする態度の三つの側面から評価規準を設定して評価することに留意する。いずれの観点においても，これらの評価規準は，各題材の構

成に応じて適切に位置付けることに留意する必要がある。

〈「参考資料」第3編の「観点ごとのポイント」〉

> 【思考・判断・表現】
> ①家族・家庭や地域における生活の中から問題を見いだし，解決すべき課題を設定する力：
>   その文末を「～について問題を見いだして課題を設定している」
> ②課題解決の見通しをもって計画を立てる際，生活課題について多面的に捉え，解決方法を検討し，計画，立案する力：
>   その文末を「～について（実践に向けた計画を）考え，工夫している」
> ③課題の解決に向けて実践した結果を評価・改善する力：
>   その文末を「～について，実践を評価したり，改善したりしている」
> ④計画や実践について評価・改善する際に，考察したことを論理的に表現する力：
>   その文末を「～についての課題解決に向けた一連の活動について，考察したことを論理的に表現している」として，評価規準を設定することができる。
>
> 【主体的に学習に取り組む態度】
> ①粘り強さ：その文末を「～について，課題の解決に主体的に取り組もうとしている」
> ②自らの学習の調整：その文末を「～について，課題解決に向けた一連の活動を振り返って改善しようとしている」
> ③実践しようとする態度：その文末を「～について工夫し創造し，実践しようとしている」として，評価規準を設定することができる。

　なお，「生活の課題と実践」に関するA(4)，B(7)，C(3)の項目については，家庭や地域で実践することや，実践発表会を設けることなどにも留意し，「参考資料」第3編の「観点ごとのポイント」を参考に，適切な評価規準を設定したい。例えば，「思考・判断・表現」の評価規準③は，「～に関する課題の解決に向けて，家庭や地域などで実践した結果を評価したり，改善したりしている」，④は，「～に関する課題解決に向けた一連の活動について，考察したことを筋道を立てて説明したり，発表したりしている。」などとすることが考えられる。また，「主体的に学習に取り組む態度」の評価規準③は，「～に関する新たな課題を見付け，家庭や地域での次の実践に取り組もうとしている。」などとすることが考えられる。

　次に，この「『内容のまとまりごとの評価規準（例）』を具体化した例」を基に，学習指導要領解説における記述等を参考に，学習活動に即して具体的な評価規準を設定する。
　事例13の題材「よりよい生活を創る計画的な金銭管理と購入の工夫」において，この手順に基づいて設定した評価規準は，次に示すとおりである。学習活動に即して，「知識・技能」の評価規準①～④，「思考・判断・表現」の評価規準①～④，「主体的に学習に取り組む態度」の評価規準①～③を設定している。これらを設定することにより，授業の目標に照らして生徒の学習状況を把握することができる。

○題材における学習活動に即した具体的な評価規準

「内容のまとまりごとの評価規準（例）」→「『内容のまとまりごとの評価規準（例）』を具体化した例」→題材における学習活動に即して具体的な評価規準を設定する。

	知識・技能	思考・判断・表現	主体的に学習に取り組む態度
内容のまとまりごとの評価規準（例）	C(1)ア(ア) ・購入方法や支払い方法の特徴が分かり，計画的な金銭管理の必要性について理解している。 C(1)ア(イ) ・売買契約の仕組み，消費者被害の背景とその対応について理解しているとともに，物資・サービスの選択に必要な情報の収集・整理が適切にできる。	物資・サービスの購入について問題を見いだして課題を設定し，解決策を構想し，実践を評価・改善し，考察したことを論理的に表現するなどして課題を解決する力を身に付けている。	よりよい生活の実現に向けて，金銭の管理と購入について，課題の解決に主体的に取り組んだり，振り返って改善したりして，生活を工夫し創造し，実践しようとしている。

【「C消費生活・環境」の(1)「金銭の管理と購入」】

※波線は p.29「観点ごとのポイント」を参照

	知識・技能	思考・判断・表現	主体的に学習に取り組む態度
内容のまとまりごとの評価規準（例）を具体化した例	(ア)購入方法や支払い方法の特徴について理解している。 (ア)計画的な金銭の管理の必要性について理解している。 (イ)売買契約の仕組み，消費者被害の背景とその対応について理解している。 (イ)物資・サービスの選択に必要な情報の収集・整理について理解しているとともに，収集・整理が適切にできる。	・物資・サービスの購入について問題を見いだして課題を設定している。 ・物資・サービスの購入について考え，工夫している。 ・物資・サービスの購入について，実践を評価したり，改善したりしている。 ・物資・サービスの購入についての課題解決に向けた一連の活動について，考察したことを論理的に表現している。	・金銭の管理と購入について，課題の解決に向けて主体的に取り組もうとしている。 ・金銭の管理と購入について，課題解決に向けた一連の活動を振り返って改善しようとしている。 ・よりよい消費生活の実現に向けて，金銭の管理と購入について工夫し創造し，実践しようとしている。

題材における学習活動に即した具体的な評価規準

	知識・技能	思考・判断・表現	主体的に学習に取り組む態度
C(1)	①購入方法や支払い方法の特徴について理解している。 (ア) ②売買契約の仕組み，消費者被害の背景とその対応について理解している。 (イ) ③計画的な金銭の管理の必要性について理解している。 (ア) ④物資・サービスの選択に必要な情報の収集・整理について理解しているとともに，収集・整理が適切にできる。 (イ)	①物資・サービスの購入について問題を見いだして課題を設定している。 ②物資・サービスの購入について考え，工夫している。 ③物資・サービスの購入について，実践を評価したり，改善したりしている。 ④物資・サービスの購入についての課題解決に向けた一連の活動について，考察したことを論理的に表現している。	①金銭の管理と購入について，課題の解決に向けて主体的に取り組もうとしている。 ②金銭の管理と購入について，課題解決に向けた一連の活動を振り返って改善しようとしている。 ③よりよい消費生活の実現に向けて，金銭の管理と購入について工夫し創造し，実践しようとしている。

効果的・効率的な評価を行うため，題材の評価計画の作成に当たっては，次の点に留意する。

題材の評価計画の作成に当たっての留意点

①各題材で育成を目指す資質・能力を明確にして，学習活動に即して具体的な評価規準を設定する。

②その時間のねらいや学習活動に照らして重点を置くとともに，無理なく評価でき，その結果を生徒の学習や教師の指導に生かす観点から，あまり細かなものにならないようにする。

③学習活動の特質や評価の場面に応じて，適切な評価方法を検討する。

④総括の資料とするための生徒全員の学習状況を把握する「記録に残す評価」を行う場面を精選するとともに，「努力を要する」状況と判断される生徒への手立てを考える「指導に生かす評価」を行

う場面の設定や評価方法について検討する。

⑤評価資料を基に「おおむね満足できる」状況（B），「十分満足できる」状況（A）と判断される生徒の姿について考えたり，「努力を要する」状況（C）と判断される生徒への手立て等を考えたりする。

5 観点別学習状況の評価の進め方と評価方法の工夫

指導と評価の計画に基づいた評価の進め方については，次の点に留意する必要がある。

(1) 知識・技能

この観点については，基礎的・基本的な知識及び技能を身に付けるだけではなく，それらを活用する中で，新しい知識を獲得するなど，知識の理解の質を高めることを目指しており，概念等の理解につながっているかを評価することが重要である。そのため，例えば，2回の調理実習を取り入れた場合，1回目の調理の評価は，「指導に生かす評価」（「努力を要する」状況（C）と判断される生徒への手立てを考えるための評価）として位置付け，1回目の調理で習得した知識や技能を活用した2回目の調理の評価を「記録に残す評価」として位置付けることが考えられる。その際，調理の仕方を理解しているとともに，適切にできる，すなわち，技能の根拠となる知識を身に付けているかどうかを把握することが大切である。具体的な評価方法としては，1回目の調理実習後に，確認テストなどを用いて，なぜそのようにするのか，手順の根拠などを理解しているかどうかをその記述内容から評価することが考えられる。実験・実習，観察等を通して，実感を伴って理解できるよう配慮することが大切であり，その状況を把握できるワークシートやペーパーテストを工夫することが考えられる。

また，技能については，教師の行動観察のほか，生徒の相互評価の記述内容や写真，1人1台端末による動画撮影等から，生徒の実現状況をより詳細に把握し，それを評価に生かすことが大切である。相互評価は，グループやペアで行い，見本や写真等と照らし合わせることにより，技能の上達の状況を把握できるよう工夫することが考えられる。さらに，同じ項目で自己評価を行うことにより，生徒自身が技能の上達を実感できるようにすることも考えられる。

今回の改訂では，生活の科学的な理解を深めるための実践的・体験的な活動を充実することとしており，観察，実験・実習等において知識と技能を関連付けて評価する場面を設定し，指導の改善に生かすことが大切である。

(2) 思考・判断・表現

この観点については，結果としての工夫創造だけではなく，課題の設定から解決を目指してよりよい方法を得ようと考え，工夫したり，実践を評価・改善したりする一連の学習過程において評価するため，評価場面の設定に留意する必要がある。その際，課題の設定の場面では，観察したことや家族や地域の人にインタビューしたことをもとに問題に気付き，課題を設定するだけではなく，その理由も記入できるようなワークシートを工夫することが考えられる。計画，実践，評価・改善の一連の学習活動において，生徒が考えたり工夫したりした過程を図や言葉でまとめることができる計画表や実習記録表などを作成し評価することが考えられる。

具体的な評価方法としては，計画，実践，評価・改善の一連の学習活動において，生徒が考えたり工夫したりした過程を図や言葉で表現する計画表や実習記録表，レポートの記述内容から評価することが考えられる。また，計画や実践の場面での発表，グループや学級における話合いなどの言語活動を中心とした活動について，教師の観察を通して評価することなどに留意する。

(3) 主体的に学習に取り組む態度

　この観点については，①知識及び技能を獲得したり，思考力・表現力等を身に付けたりすることに向けた粘り強い取組を行おうとしている側面と，②粘り強い取組の中で，自らの学習を調整しようとする側面の二つの側面のほか，③実践しようとする態度について評価することとしており，具体的な評価方法としては，ワークシートや計画表，実習記録表，一連の活動を通して生徒の変容を見取るポートフォリオ等の記述内容，発言，教師による行動観察や，生徒の自己評価や相互評価等の状況を教師が評価を行う際に参考とすることなどが考えられる。

　①については，例えば，基礎的・基本的な知識及び技能を身に付ける場面で，自分なりに解決しようと取り組む様子をポートフォリオの記述内容や行動観察から評価することが考えられる。②については，「主体的・対話的で深い学び」の視点からの授業改善を図る中で，自らの学習の調整を行う場面を設定し，適切に評価することが大切である。例えば，計画の場面で，適切に自己評価したり，相互評価を生かしたりして，よりよい計画にしようと取り組む様子をポートフォリオや計画表の記述内容，行動観察から評価することが考えられる。なお，二つの側面は，相互に関わり合っていることから，同じ場面において評価することも考えられる。例えば，実践を評価・改善する場面で，自分の取り組みを振り返り，うまくできたことやできなかったことを適切に評価し，改善しようとしている様子を実習記録表やポートフォリオの記述内容から評価することが考えられる。自らの学習を調整しようとする側面については，学習前に見通しをもったり，学習後に振り返ったりすることがポイントとなる。そのためには，学習前後の比較ができるようなワークシートを作成し，自分の成長を自覚できるようにすることが大切である。③については，実践を通して意欲が高まり，新たな課題を見付けたり，生活において活用しようとする姿に表れたりすることから，評価を行う場面を題材の終わりに設定することが考えられる。

　なお，この観点については，複数の題材を通して，ある程度の時間のまとまりの中で評価することも考えられる。

6　観点別学習状況の評価の総括

(1)　題材の観点別学習状況の評価の総括

　家庭分野における題材ごとの観点別学習状況の評価の総括については，「参考資料」第1編「総説第2章(5)観点別学習状況の評価に係る記録の総括」に示された二つの方法を参考に，各学校において工夫することが望まれる。

　①　評価結果のＡ，Ｂ，Ｃの数を基に総括する場合

　②　評価結果のＡ，Ｂ，Ｃを数値に置き換えて総括する場合（例えばＡ＝3，Ｂ＝2，Ｃ＝1）

　　「観点ごとの総括」及び「題材の総括」の詳細については，参考資料「第3編第2章2事例1」を参照

(2)　家庭分野の観点別学習状況の評価の総括

　題材ごとの観点別学習状況の評価を合わせて分野ごとの総括とする。例えば，年間に4題材を取り扱った場合，題材1〜4を観点ごとに総括して家庭分野の観点別学習状況の評価とする。

(3)　技術・家庭科の観点別学習状況の評価の総括

　評価結果を題材ごと，分野ごとに総括し，技術分野及び家庭分野を合わせて技術・家庭科の総括とする。

（筒井恭子）

Chapter2

指導計画作成の手順と
モデルプラン

1　3学年間を見通した指導計画を作成するために

　家庭分野の指導計画は，技術・家庭科の3学年間を見通した全体的な指導計画に基づき検討することが重要である。

　家庭分野の目標と内容は3学年間まとめて示されていることから，指導計画を作成する際は，生徒や学校，地域の実態に応じて適切な題材を設定し，3学年間を見通して効果的に配列する必要がある。題材の構成に当たっては，家庭生活を総合的に捉えることができるよう，関連する内容の組み合わせを工夫し，効果的な学習ができるよう配慮することが大切である。

　題材の設定に当たっては，小学校における家庭科の指導内容や中学校の他教科等との関連を図るとともに，高等学校における学習を見据えて，家庭分野のねらいを十分達成できるようにする。また，生徒の発達の段階に応じ，興味・関心を高めるとともに，生徒の主体的な学習活動や個性を生かすことができるようにする。さらに，生徒の身近な生活との関わりや社会とのつながりを重視し，家庭や地域社会における実践に結び付けることができるよう配慮する。

　3学年間を見通した指導計画を作成する際の手順は，次のとおりである。
① 　家庭分野の内容「A家族・家庭生活」「B衣食住の生活」「C消費生活・環境」の各項目や指導事項で育成する資質・能力を確認する。
② 　3学年間を見通した指導の流れを考え，題材を配列する。
　・A(1)アは，ガイダンス的な内容として，第1学年の最初に履修する。家族・家庭の機能についてはAからCまでの各内容と関連を図る。
　・各内容の「生活の課題と実践」の項目A(4)，B(7)，C(3)については，他の内容と関連を図り，3学年間でこれら三項目のうち一以上選択して履修し，実践的な活動を家庭や地域などで行うことができるよう配慮する。
③ 　指導内容の関連を図って題材を構成する。
　・B(6)「住居の機能と安全な住まい方」のア及びイについては，内容のA(2)「幼児の生活と家族」及び(3)「家族・家庭や地域との関わり」との関連を図り，題材を設定する。
　・C(1)「金銭の管理と購入」及び(2)「消費者の権利と責任」については，内容の「A家族・家庭生活」または「B衣食住の生活」との関連を図り，題材を設定する。
④ 　各題材に適切な授業時数を配当する。
　・3学年間を通して，技術分野，家庭分野，いずれかの分野に偏ることなく授業時数を配当する。
⑤ 　指導すべき内容に漏れがないか，次の内容確認表等を用いて確認する。

内容確認表

学年	題材名	時数	A 家族・家庭生活				B 衣食住の生活														C 消費生活・環境		
			(1)ア	(2)ア(ア)(イ)／イ	(3)ア(ア)(イ)／イ	(4)	(1)ア(ア)(イ)／イ	(2)ア(ア)(イ)／イ	(3)ア(ア)(イ)(ウ)(エ)／イ	(4)ア(ア)(イ)／イ	(5)イ	(6)ア(ア)(イ)／イ	(7)イ	(1)ア(ア)(イ)／イ	(2)イ／ア	(3)ア
第1学年	ガイダンス 自分の成長と家族・家庭生活	6	○	○	○											
	食事の役割と食習慣	3					○○○									
	食生活プロジェクト	3											○			
第2学年	衣服の選択と手入れ	8								○○○						
	生活を豊かにするための布を用いた製作	8									○○					
第3学年	金銭の管理と購入	6												○○○		
	消費者の権利と責任	4													○○	

内容	A				B							C			合計
項目	(1)	(2)	(3)	(4)	(1)	(2)	(3)	(4)	(5)	(6)	(7)	(1)	(2)	(3)	
授業時数 第1学年	2		4		3	7	16				3				35
第2学年		12						8	8	7					35
第3学年			5	3								6	4		18
内容ごとの合計	26				52							10			88

※この内容確認表は，年間指導計画例1について示したものである。

2　他教科等との関連を図るために

　各教科等の学習は相互に関連していることから，年間指導計画を作成する際には，家庭分野と他教科等との関連を明確にし，他教科等の学習状況を把握しておく必要がある。他教科等の学習時期と関連を図って，題材の設定や配列を工夫する。

3　小学校の学習を踏まえた系統的な指導計画を作成するために

　小学校家庭科の各内容と中学校との系統性について確認するとともに，生徒の知識及び技能等の習得状況を把握する。例えば，第1学年の最初に学習するガイダンスでは，小学校の学習の習得状況を踏まえて，中学校での学習を見通し，意欲と期待をもたせることが大切である。また，高等学校における学習を見据えて，系統的・発展的に指導ができるように工夫する。

4 指導計画例

年間指導計画例1

　この例は，内容「A家族・家庭生活」を3学年間にわたって位置付け，第1学年では自分や家族，第2学年では幼児との関わり，第3学年では高齢者との関わりについての学習を通して，これからの生活を展望して家族・家庭や地域における生活の課題を解決する力を養い，生活を工夫し創造しようとする実践的な態度を育成することをねらいとしている。

第1学年

週(時)	1〜6	7〜9	10〜15	16〜20	21〜32	33〜35
題材	自分の成長と家族・家庭生活	食事の役割と食習慣	中学生に必要な栄養を満たす食事	食品の選択	日常食の調理と地域の食文化	食生活プロジェクト
指導内容	家庭分野ガイダンス／家族・家庭の機能／自分の成長と家族／家族関係をよりよくする方法の工夫	食事の役割／中学生の栄養の特徴／健康によい食習慣	栄養素とその働き／六つの基礎食品群／食品の栄養的特質／中学生に必要な食品の種類と概量	1日分の献立／献立作成の方法／生鮮食品の選択／加工食品の選択／食品の安全と情報	調理の計画／肉の調理（豚肉のしょうが焼き 蒸し野菜のサラダ）／魚の調理（さばのみそ煮 きゅうりとわかめの酢の物）／野菜の調理（青菜のごまあえ かき玉汁 炊き込み飯）／地域の食文化／地域の食材を用いた和食の調理／持続可能な食生活を目指して	食生活についての課題と実践
	A(1)ア(3)ア(ア)・イ	B(1)ア(ア)(イ)・イ	B(2)ア(ア)(イ)・イ	B(3)ア(ア)(イ)	B(3)ア(ア)(イ)(ウ)(エ)・イ	B(7)ア
見方・考え方	協力・協働	健康・安全	健康・安全	健康・安全　生活文化		健康・安全

第2学年

題材	衣服の選択と手入れ	生活を豊かにするための布を用いた製作	住居の機能と安全な住まい方	幼児の生活と家族
指導内容	衣服の働き／自分らしい着方／和服の文化／衣服の選択と計画的な活用／日常着の手入れ（洗濯）／日常着の手入れ（補修）	製作する物に適した材料や縫い方／用具の安全な取扱い／生活を豊かにする工夫・製作の計画／布を用いた物の製作	住まいの働き／現代の住まい方／住まいの空間と生活行為／家庭内事故と安全対策／災害への備え	幼児の発達と生活の特徴／家族の役割／幼児の遊びの意義／幼児の遊びを支える環境／幼児との関わり方／幼児触れ合い体験の計画／幼児触れ合い体験／触れ合い体験を終えて／子どもの成長と地域社会
	B(4)ア(ア)(イ)・イ	B(5)ア・イ	B(6)ア(ア)(イ)・イ	A(1)ア　A(2)ア(ア)(イ)・イ
見方・考え方	健康・快適　生活文化	快適・安全	健康・快適　安全　生活文化	協力・協働　安全

第3学年

題材	金銭の管理と購入	消費者の権利と責任	家庭生活と地域との関わり	地域とのプロジェクト
指導内容	家庭生活と消費／購入方法と支払方法／売買契約のしくみ／消費者被害／計画的な金銭管理／情報を活用した上手な購入	消費者の権利と責任／消費行動が環境や社会に及ぼす影響／自立した消費者としての消費行動	家族・家庭生活と地域との関わり／高齢者との関わり／地域の人々と協働する方法の工夫	地域との関わりについての課題と実践
	C(1)ア(ア)(イ)・イ	C(2)ア・イ	A(1)ア　A(3)ア(イ)・イ	A(4)ア
見方・考え方	持続可能な社会	持続可能な社会	協力・協働	協力・協働

※生活の課題と実践 ☐
　1年　食生活プロジェクト
　3年　地域とのプロジェクト
※網かけは内容「A家族・家庭生活」

各内容の配当時数

内容＼学年	1年	2年	3年	計
A　家族・家庭生活	6	12	5	23
B　衣食住の生活	26	23	0	49
C　消費生活・環境	0	0	10	10
生活の課題と実践	3	0	3	6
合　計	35	35	18	88

資料1　題材構想図

次に示す題材構想図は，「年間指導計画例1」の第3学年の題材「家庭生活と地域との関わり」について示したものである。

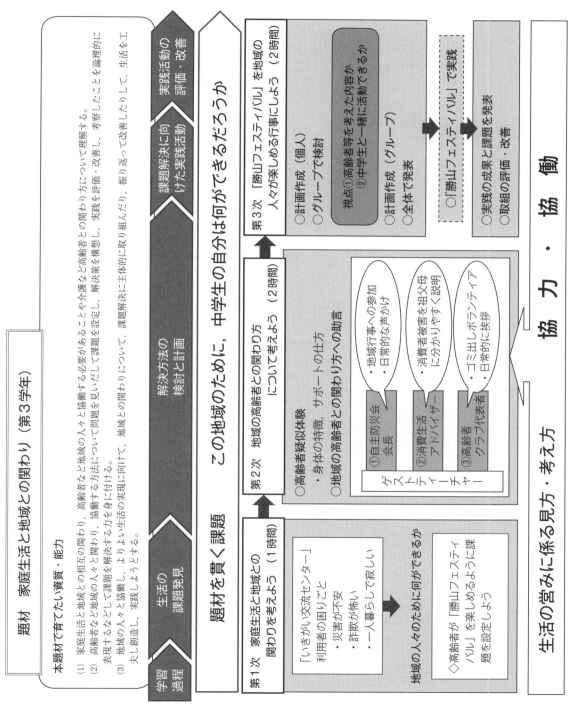

年間指導計画例2

　この例は，生活の自立を目指して，内容「B衣食住の生活」を第1学年，第2学年に位置付けるとともに，それぞれの学年に「生活の課題と実践」を位置付け，よりよい生活の実現に向けて，課題を解決する力を養うことをねらいとしている。

第1学年

週(時)	1・2	3〜11							12〜20			21〜26			27〜29	30〜35				
題材	自分の成長と家族家庭生活	衣服の選択と日常着の手入れ							生活を豊かにするための布を用いた製作			住居の機能と安全な住まい方			住生活プロジェクト	金銭の管理と購入				
指導内容	家庭分野ガイダンス	家族・家庭の機能	衣服の働き	自分らしい着方	和服の文化	衣服の選択と計画的な活用	日常着の手入れ（洗濯）	衣服の収納・保管・補修	製作する物に適した材料や縫い方	用具の安全な取扱い	布を用いた物の製作（計画及び製作）	住まいの働き	住まいの空間と生活行為	家庭内事故と安全対策	災害への備え	住生活ついての課題と実践	消費生活のしくみ	購入方法と支払方法	売買契約のしくみ	消費者被害	計画的な金銭管理	情報を活用した上手な購入
	A(1)ア	B(4)ア(ア)(イ)・イ							B(5)ア・イ			B(6)ア(ア)(イ)・イ			B(7)ア	C(1)ア(ア)(イ)・イ				
見方・考え方	協力・協働	健康・快適　生活文化							快適・安全　生活文化			健康・快適安全　生活文化			健康・快適安全	持続可能な社会				

第2学年

題材	消費者の権利と責任	食事の役割と食習慣	中学生に必要な栄養を満たす食事			食品の選択			日常食の調理と地域の食文化						食生活プロジェクト
指導内容	消費者の権利と責任	消費生活が環境や社会に及ぼす影響	自立した消費者としての消費行動	食事の役割	健康によい食習慣	栄養素の種類と働き	中学生に必要な栄養素	六つの基礎食品群	中学生に必要な食品の種類と概量	献立作成の方法	1日分の献立	生鮮食品の選択	加工食品の選択	食品の安全と情報	調理の計画 ...
	C(2)ア・イ	B(1)ア(ア)(イ)・イ	B(2)ア(ア)(イ)・イ			B(3)ア(ア)(イ)			B(3)ア(ア)(イ)(ウ)				B(3)ア(エ)・イ C(2)ア		B(7)ア
見方・考え方	持続可能な社会	健康・安全	健康・安全			健康・安全			健康・安全				生活文化持続可能な社会		健康・安全

※網かけ部分（日常食の調理と地域の食文化）の指導内容：
［肉の調理］豚肉のしょうが焼き　野菜の付け合わせ／［魚の調理］白身魚のホイル蒸し　きゅうりとわかめの酢の物／［野菜の調理］筑前煮　すまし汁／地域の食文化／地域の食材を用いた和食の調理　炊き込み飯　かき玉汁　青菜のごまあえ／持続可能な食生活を目指して

第3学年

題材	幼児の生活と家族							家族・家庭生活や地域との関わり				
指導内容	幼児の発達	幼児の生活の特徴	家族の役割	幼児の遊びの意義　遊びを支える環境	幼児との関わり方	幼児触れ合い体験・体験の計画	触れ合い体験を終えて	子どもの成長と地域社会	中学生にとっての家族	家族関係をよりよくする方法の工夫	家庭生活と地域との関わり	高齢者との関わり　地域の人々と協働する方法の工夫
	A(1)ア		A(2)ア(ア)(イ)・イ					A(1)ア	A(3)ア(ア)(イ)・イ			
見方・考え方	協力・協働							協力・協働				

※生活の課題と実践 □
　1年　住生活プロジェクト
　3年　食生活プロジェクト
※網かけは内容「B衣食住の生活」の調理の学習

各内容の配当時数

内容 ＼ 学年	1年	2年	3年	計
A　家族・家庭生活	2	0	18	20
B　衣食住の生活	24	28	0	52
C　消費生活・環境	6	4	0	10
生活の課題と実践	3	3	0	6
合　計	35	35	18	88

資料２　小・中学校５学年間を見通した調理に関する題材配列表

次に示す表の中学校の題材は,「年間指導計画例２」の第２学年の題材を取り上げている。

学年		題材（時数）	実習題材	食材	調理法		安全・衛生	食文化
					切り方	加熱方法		
小学校	第5学年	ゆでておいしく食べよう(4)	・青菜のおひたし ・ゆで野菜サラダ ・ゆで卵	青菜 じゃがいも にんじん ブロッコリー 卵　など	野菜の皮むき	ゆでる	・包丁，まな板，加熱調理用具の安全な取扱い ・野菜の洗い方 ・食物アレルギーへの配慮	
		日本の伝統の味　おいしいご飯とみそ汁を作ろう(8)	・ご飯 ・みそ汁	米 煮干し 大根 ねぎ みそ	いちょう切り 小口切り	炊飯 煮る	・包丁，まな板，加熱調理用具の安全な取扱い（なべ）	日本の伝統的な日常食 ・だしの役割 ・配膳
	第6学年	いためておいしく食べよう(8)	・三色野菜炒め	キャベツ にんじん ピーマンなど	短冊切り	いためる	・包丁，まな板，加熱調理用具の安全な取扱い（フライパン）	
		栄養のバランスを考えた食事を整えよう(8)	・アスパラベーコン巻き ・ジャーマンポテト	アスパラガス にんじん ベーコン じゃがいも ※生の肉や魚は取り扱わない	短冊切り	いためる ゆでる	・包丁，まな板，加熱調理用具の安全な取扱い（フライパン）	日常の食事の仕方 ・食事のマナー ・あいさつ
中学校	第2学年（日常食の調理と地域の食文化）	肉の調理(3)	・しょうが焼き ・ピーマンのソテー	豚肉 ピーマン	せん切り	焼く	・ふきん，まな板，包丁，フライパン，熱源の安全な取扱い ・肉の取扱い	洋食の盛り付け・配膳
		魚の調理(3)	・白身魚のホイル蒸し ・きゅうりとわかめの酢の物	白身魚 にんじん 玉ねぎ しめじ きゅうり わかめ しらす干し	せん切り 輪切り	蒸す	・ふきん，まな板，包丁，蒸し器，熱源の安全な取扱い ・魚の取扱い	和食の盛り付け・配膳
		野菜の調理(3)	・筑前煮 ・すまし汁	とり肉，ごぼう れんこん 干ししいたけ こんにゃくなど とうふ，みつば こんぶ かつお節など	ぶつ切り 乱切り そぎ切り 手でちぎる	煮る	・ふきん，まな板，包丁，なべ，熱源の安全な取扱い	だしを用いた煮物又は汁物 ・だしの種類 ・だしの取り方
		地域の食材を用いた和食の調理(3)	・たこ飯 ・かき玉汁 ・青菜のごまあえ	たこ，ごぼう にんじん 油揚げ 卵，みつば こんぶ かつお節など	ぶつ切り ささがき せん切り 短冊切り など	炊飯 煮る	・ふきん，まな板，包丁，炊飯器，熱源の安全な取扱い ・食物アレルギーへの配慮	地域の伝統的な行事食や郷土料理

年間指導計画例３

　この例は，持続可能な社会の構築を目指して，内容「Ｃ消費生活・環境」を第１学年及び第２学年に位置付け，内容「Ｂ衣食住の生活」の衣服の選択や日常食の調理と関連を図るとともに，第３学年では，衣服等を再利用した物の製作と関連を図ることによって，消費者として適切に判断したり，環境に配慮して行動したりしようとする実践的な態度を養うことをねらいとしている。

第１学年

週（時）	題材	指導内容
1	自分の成長と家族家庭生活	家庭分野ガイダンス
2	食事の役割と中学生の栄養の特徴	家族・家庭の機能／食事の役割／健康による食習慣
3〜5	〃	中学生の発達と必要な栄養
6〜12	中学生に必要な栄養を満たす食事	栄養素の種類と働き／六つの基礎食品群／食品の栄養的特質／中学生に必要な食品の種類と概量／献立作成の方法／１日分の献立作成
13〜17	金銭の管理と購入	消費生活のしくみ／購入方法と支払方法／売買契約のしくみと消費者被害／計画的な金銭管理／情報を活用した上手な購入
18〜19	持続可能な消費生活	持続可能な生活を目指して
20〜22	食品の選択	生鮮食品の選択／加工食品の選択／食品の安全と情報
23〜32	日常食の調理	エコ調理の計画／〔肉の調理〕しょうが焼き　野菜の付け合わせ／〔魚の調理〕白身魚のホイル蒸し　きゅうりとわかめの酢の物／〔野菜の調理〕筑前煮　すまし汁
33〜35	食生活プロジェクト	食生活についての課題と実践

指導内容：A(1)ア　B(1)ア(ア)・イ　B(2)ア(ア)(イ)・イ　C(1)ア(ア)(イ)・イ　C(2)ア・イ　B(3)ア(ア)(イ)　B(3)ア(ア)(イ)(ウ)　C(2)ア・イ　B(7)ア

見方・考え方：協力・協働　健康・安全　健康・安全　持続可能な社会　健康・安全　健康・安全　持続可能な社会　健康・安全

第２学年

題材	指導内容
消費者の権利と責任	消費者の権利と責任／消費生活が環境や社会に及ぼす影響／自立した消費者としての消費行動
衣服の選択と手入れ	衣服の働き／自分らしい着方／和服の文化／衣服の選択・計画的な活用／日常着の手入れ（洗濯）／衣服の収納・保管・補修
幼児の生活と家族	幼児の発達と生活の特徴／家族の役割／幼児の遊びの意義／幼児の遊びを支える環境／幼児との関わり方／幼児触れ合い体験の計画／幼児触れ合い体験／触れ合い体験を終えて／子どもの成長と地域社会
家族・家庭生活や地域との関わり	中学生にとっての家族／家族関係をよりよくする方法の工夫／家庭生活と地域との関わり／高齢者との関わり／高齢者や地域の人々と協働する方法の工夫
地域の食文化と和食の調理	地域の食文化／〔地域の食材を用いた和食の調理〕炊き込み飯　かき玉汁　青菜のごまあえ／持続可能な食生活を目指して

指導内容：C(2)ア・イ　B(4)ア(ア)(イ)・イ　C(2)ア　A(1)ア　A(2)ア(ア)(イ)・イ　A(1)ア　A(3)ア(ア)(イ)・イ　B(3)ア(エ)　C(2)ア

見方・考え方：持続可能な社会　健康・快適　生活文化　持続可能な社会　協力・協働　協力・協働　生活文化　持続可能な社会

第３学年

題材	指導内容
住居の機能と安全な住まい方	住まいの働き／住まい方の工夫／家庭内事故と安全対策／災害への備え
生活を豊かにするための布を用いた製作	製作する物に適した材料や縫い方／用具の安全な取扱い／〔衣服等を再利用した物の製作（計画及び製作）〕
消費生活・環境プロジェクト	持続可能な衣生活を目指して／消費生活・環境についての課題と実践

指導内容：B(6)ア(ア)(イ)・イ　B(5)ア・イ　C(2)ア　C(3)ア

見方・考え方：健康・快適　安全　生活文化　快適・安全　生活文化　持続可能な社会　持続可能な社会

※生活の課題と実践 □
　1年　食生活プロジェクト
　3年　消費生活・環境プロジェクト
※網かけは内容「Ｃ消費生活・環境」

各内容の配当時数

内容 ＼ 学年	1年	2年	3年	計
Ａ　家族・家庭生活	2	18	0	20
Ｂ　衣食住の生活	23	13	15	51
Ｃ　消費生活・環境	7	4	0	11
生活の課題と実践	3	0	3	6
合　計	35	35	18	88

資料３　内容「Ｃ消費生活・環境」に関する題材配列表

次に示す表は，「年間指導計画例３」の内容「Ｃ消費生活・環境」に関する題材の主な指導内容を示したものである。

指導内容		題材（時数）	第1学年			第2学年			第3学年	
			金銭の管理と購入(5)	持続可能な消費生活(2)	日常食の調理(10) B(3)	消費者の権利と責任(4)	衣服の選択と手入れ(8) B(4)	地域の食文化と和食の調理(5) B(3)	生活を豊かにするための布を用いた製作(9) B(5)	消費生活・環境プロジェクト(3)
C(1) 金銭の管理と購入	ア(ア)	購入方法や支払い方法の特徴	○							
		計画的な金銭管理	○							
	ア(イ)	売買契約の仕組み	○							
		消費者被害	○							
		物資・サービスの選択に必要な情報の収集・整理	○							
	イ	情報を活用した物資・サービスの購入の工夫	○							
C(2) 消費者の権利と責任	ア	消費者の基本的な権利と責任				○				
		消費生活が環境や社会に及ぼす影響		○	○	○	○	○	○	
	イ	自立した消費者としての消費行動の工夫		○	○	○				
C(3) 消費生活・環境についての課題と実践	ア	環境に配慮した消費生活についての課題と計画，実践，評価								○

（渡部ゆかり）

Chapter3

1人1台端末を活用した
授業づくりモデルプラン

家庭分野の学習を始めよう
～これからの家庭生活をよりよくしよう～

1

A(1)ア

1 題材について

　この題材は，家庭分野のガイダンスとしての扱いと，「A家族・家庭生活」の(2)「幼児の生活と家族」又は(3)「家族・家庭や地域との関わり」の導入としての扱いについて示している。ガイダンスとしては，小学校家庭科の学習を振り返り，これからの学習の見通しをもたせるようにする。また，家族・家庭の基本的な機能が「A家族・家庭生活」，「B衣食住の生活」及び「C消費生活・環境」の各内容に関わっていることや，家族・家庭や地域における様々な問題について，協力・協働，健康・快適・安全，生活文化の継承，持続可能な社会の構築等を視点として考え，解決に向けて工夫することが大切であることに気付かせる。さらに，家族や地域の人々と協力・協働して家庭生活を営む必要があることに気付くことをねらいとしている。

2 題材の目標

(1)　自分の成長と家族や家庭生活との関わりが分かり，家族・家庭の基本的な機能について理解するとともに，家族や地域の人々と協力・協働して家庭生活を営む必要があることに気付く。

3 題材の評価規準

知識・技能	思考・判断・表現	主体的に学習に取り組む態度
・自分の成長と家族や家庭生活との関わりが分かり，家族・家庭の基本的な機能について理解しているとともに，家族や地域の人々と協力・協働して家庭生活を営む必要があることに気付いている。		

4 指導と評価の計画（全3時間）

〔1〕家庭分野のガイダンス（本時1／2）‥‥‥‥‥‥‥‥‥‥‥‥‥‥‥‥‥‥‥‥ 2時間

〔2〕家族・家庭や地域との関わり（第1学年全5時間の導入）‥‥‥‥‥‥‥‥‥ 0.5時間

〔3〕幼児の生活と家族（第2学年全11時間の導入）‥‥‥‥‥‥‥‥‥‥‥‥‥ 0.5時間

〔次〕時	○ねらい ・学習活動　ICTの活用場面	評価の観点			評価規準〈評価方法〉
		知	思	主	
〔1〕1 本時	○中学生の自分がこれまで成長してきた過程を振り返り，自分の成長や生活は，家族や家庭生活に支えられてきたことを理解することができる。 ・小学校家庭科の学習を振り返り，アンケート機能を活用して自分の成長を確認する。 ・家庭で行われている仕事を書き出して分類し，気付いたことを発表し合う。 ・生活の営みに係る見方・考え方を働かせながら課題を解決していくためのプロセスを確認する。 ・今日の学習を振り返る。	①			〔知〕①自分の成長と家族や家庭生活との関わりについて理解している。 〈ワークシート〉
2	○家族・家庭の基本的な機能について理解し，家族や地域の人々と協力・協働して家庭生活を営む必要があることに気付くことができる。 ・家庭生活を支える家庭の仕事を家庭分野のA〜Cの内容と関わらせて分類し，家庭の基本的な機能についてまとめる。 ・前時のアンケート結果や中学生のいる世帯の1日の家事関連時間に注目して，中学生として何ができるか話し合う。 ・今日の学習を振り返る。	②			〔知〕②家族・家庭の基本的な機能について理解し，家族や地域の人々と協力・協働して家庭生活を営む必要があることに気付いている。 〈ワークシート〉〈思考ツール〉
〔2〕1	〔家族・家庭や地域との関わり〕 ○自分の成長や生活は，家族や家庭生活に関わる地域の人々に支えられていることに気付くことができる。 ・自分と家族・地域とのつながりについて考え，発表する。	①			〔知〕①自分の成長と家族や家庭生活との関わりについて理解している。 〈ワークシート〉
〔3〕1	〔幼児の生活と家族〕 ○自分の成長を振り返るとともに，自分の成	①			〔知〕①自分の成長と家族や家庭生活との関わりについて理解している。

長や生活は，家族や家庭生活に関わる地域の人々に支えられてきたことを理解することができる。 ・自分の幼児期を振り返り，幼い頃のエピソードをまとめる。		〈ワークシート〉

5 本時の展開 （1／2時間）

(1)小題材名 家庭分野のガイダンス

(2)ねらい 中学生の自分がこれまで成長してきた過程を振り返り，自分の成長や生活は家族や家庭生活に支えられてきたことを理解することができる。

(3)学習活動と評価

時間 （分）	学習活動 ICT の活用場面	・指導上の留意点 ■評価規準 〈評価方法〉
10	1　小学校家庭科の学習を振り返り，アンケート機能を活用して自分の成長を確認する。 18. 表示や品質を見て食品を選ぶことができる。 詳細 ● 十分できる。　　37 ● ややできる。　　86 ● あまりできない。　41 ● 全くできない。　11 ややできる。：86 (49%) 2　本時の学習課題を確認する。	・家庭分野のA～Cの内容についてのアンケートを「十分できる」「ややできる」「あまりできない」「全くできない」の４択で回答させることで，自分の成長を自覚させる。
	自分の成長と家族や家庭生活とは，どんな関わりがあるだろうか	
25	3　家庭で行われている仕事を書き出して分類し，気付いたことを発表し合う。 (1)「家族・家庭生活」「衣食住」「消費生活・環境」に分類する。 (2)「している」「していない」「できる」「できない」に分類する。	・学習支援ソフトの思考ツールを利用し，家庭の仕事を書き出すことで，次時への学習にもつなげる。 ・(1)がこれから学ぶ家庭分野の内容と関わっていることを確認し，３学年間の家庭分野の学習の見通しをもたせる。 ・(2)では，家庭の仕事の多くが家族に支えられていることに気付かせる。 ■知識・技能① 〈ワークシート〉
10	4　生活の営みに係る見方・考え方を働かせながら課題を解決していくためのプロセスを確	・「協力・協働」「健康・安全・快適」「生活文化の継承」「持続可能な社会の構築」の見方・考え方

	5	5　今日の学習を振り返る。	・振り返りシートに記入させておき，今後の学習で自分の学びを振り返る際に役立たせる。

		認する。	を働かせることで，よりよい生活を目指すことができることに気付かせる。

⑷学習評価のポイント

　本時の「知識・技能」の評価規準①については，自分の成長と家族や家庭生活との関わりについて考える場面において，ワークシートの記述内容から評価する。中学生の自分がこれまで成長してきた過程を振り返り，自分の成長や生活は，家族や周囲の人々に支えられてきたことを記述している場合を，「おおむね満足できる」状況（B）と判断した。その際，「努力を要する」状況（C）と判断される生徒に対しては，他の生徒の発表において，自分の生活に当てはまるような内容がないか確認させ，再度，自分の成長と家族や家庭生活との関わりを振り返って理解できるようにする。

6　主体的・対話的で深い学びを実現する学習指導〈ICT活用〉の工夫

主　家族・家庭の基本的な機能について考える場面で，1人1台端末を活用し，思考ツールを活用することにより，家庭分野のA～Cの内容と家族・家庭の基本的な機能との関わりについて確認することができ，家庭分野の学習に見通しをもって主体的に取り組めるようにする。

対　自分の成長と家族や家庭生活との関わりについて考えたことを発表する場面で，1人1台端末を活用し，自分の考えを発表し合うことにより，互いの考えを深めることができるようにする。

深　家庭分野のガイダンスやA⑵及びA⑶の題材の導入で，自分の成長や生活を振り返り，家族や地域の人々の支えで今の自分があることを再確認することは，家族・家庭の基本的な機能や家庭分野の学習への意欲につながる。また，幼児と触れ合う活動や地域の高齢者との関わりを考えるなどの活動を通して，「協力・協働」という概念を形成していくことができるようにする。

ICT（1人1台端末）の主な活用場面と活用のポイント

〈本時の場面における活用〉

●見つめる（第1時）

　自分の生活を振り返り，現在できるようになったことを確認する場面で，アンケートを実施する。アンケートは，選択式の設問では記述が苦手な生徒でも容易に回答することができる。また，瞬時に集計結果が提示できるよさがあり，数値から客観的に自分ができることとできないことに気付かせる上で効果的である。さらに，家庭の仕事をカードに記入し，座標軸の思考ツールを活用して分類することにより，家庭の仕事の多くを家族が担っていることに気付かせる。

〈その他の場面における活用〉
●これからの学習を見通す（第2時）

　家庭生活を支える家庭の仕事を分類する場面でも，思考ツールを活用する。仕事を追記したり，色分けしたりすることもできる。分類することを通して子供を育てる機能，心の安らぎを得るなどの精神的な機能，衣食住などの生活を営む機能，収入を得るなどの経済的な機能，生活文化を継承する機能などの家族・家庭の基本的な機能等があることに気付き，家族・家庭の機能と家庭分野のA～Cの内容との関わりについて考えることができ，今後の学習内容を見通す上で効果的である（下図）。

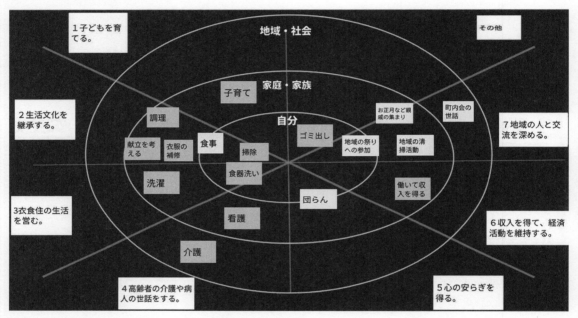

●生活の自立につなげる（〔3〕：第2学年全11時間の導入）

　自分の幼児期を振り返る場面において，各家庭や生徒のプライバシーに十分配慮し，幼児期の成長の記録を作成する活動などが考えられる。例えば，幼い頃の写真などで家族をはじめとする周囲の人々を視覚的に確認することにより，中学生の自分がこれまで成長してきた過程を振り返り，自分の成長や生活は，家族や家庭生活に支えられてきたことに気付きやすくなるので，主体的な学びにつながり効果的である。

ワークシート等の例［1人1台端末においても活用可能］

■「家庭分野の学習を始めよう～今の自分とこれまで～」ワークシートの一部（本時）

家庭で行われている仕事を書き出して分類してみよう。

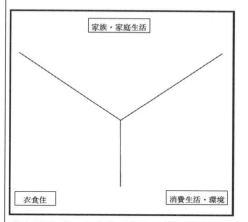 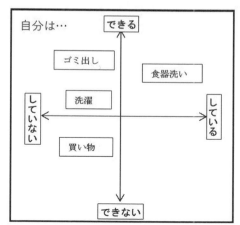

★自分の成長と家族や家庭生活との関わりについて、考えたこと

> 自分が生活できるのは、家族の支えや周りの助けがあって生活できていることが改めて分かりました。家庭の仕事は親に任せきりにしていたことに気付いたので、家族に今まで支えてもらった分、今度は自分が助けられるようにいろいろな力を身に付けていきたいです。　知①

■1人1台端末活用の実際

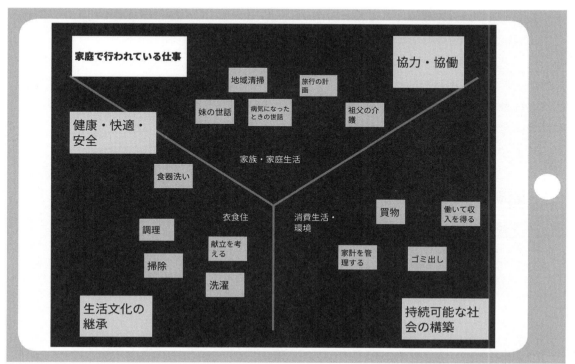

（向井喜子）

2 幼児とのよりよい関わり
～触れ合い体験を通して～

A(1)ア，(2)ア(ア)(イ)イ

1 題材について

　この題材は，「A家族・家庭生活」の(2)「幼児の生活と家族」のア(ア)(イ)及びイと，(1)「自分の成長と家族・家庭生活」との関連を図っている。「幼児とよりよく関わるにはどのようにしたらよいだろうか」という課題を設定し，「協力・協働」の視点から考え，工夫する活動を通して，幼児の発達と生活，幼児との関わり方，それを支える家族の役割や遊びの意義に関する知識を身に付けるとともに，これからの生活を展望して，幼児の生活と家族における課題を解決する力や幼児との関わり方を工夫し創造しようとする実践的な態度を育成することをねらいとしている。

2 題材の目標

(1)　自分の成長と家族や家庭生活との関わり，家族・家庭の基本的な機能，幼児の発達と生活の特徴，子供が育つ環境としての家族の役割，幼児にとっての遊びの意義や幼児との関わり方について理解する。

(2)　幼児との関わり方について問題を見いだして課題を設定し，解決策を構想し，実践を評価・改善し，考察したことを論理的に表現するなどして課題を解決する力を身に付ける。

(3)　家族や地域の人々と協働し，よりよい生活の実現に向けて，幼児の生活と家族について，課題の解決に主体的に取り組んだり，振り返って改善したりして，生活を工夫し創造し，実践しようとする。

3 題材の評価規準

知識・技能	思考・判断・表現	主体的に学習に取り組む態度
・自分の成長と家族や家庭生活との関わり，家族・家庭の基本的な機能について理解している。 ・幼児の発達と生活の特徴が分かり，子供が育つ環境としての家族の役割について理解している。 ・幼児にとっての遊びの意義や幼児との関わり方について理解している。	幼児との関わり方について問題を見いだして課題を設定し，解決策を構想し，実践を評価・改善し，考察したことを論理的に表現するなどして課題を解決する力を身に付けている。	家族や地域の人々と協働し，よりよい生活の実現に向けて，幼児の生活と家族について，課題の解決に主体的に取り組んだり，振り返って改善したりして，生活を工夫し創造し，実践しようとしている。

4 指導と評価の計画（全13時間）

〔１〕幼児との関わりについて考えよう ……………………………………………… 2時間

〔２〕幼児の発達や生活の特徴と家族の役割について考えよう ……………………… 4時間

〔３〕幼児との触れ合い体験をしよう（本時8・9／13）…………………………… 7時間

★は指導に生かす評価

〔次〕時	○ねらい ・学習活動　ICTの活用場面	評価の観点			評価規準〈評価方法〉
		知	思	主	
〔１〕 1 ・ 2	○自分の成長と家族や家庭生活との関わり，家族・家庭の基本的な機能について理解することができる。 ・1学年の既習内容である家族・家庭の基本的な機能について確認する。 ・資料等から自分の成長を振り返る。	①			〔知〕①自分の成長と家族や家庭生活との関わり，家族・家庭の基本的な機能について理解している。 〈ワークシート〉
	○幼児との触れ合い体験での関わり方について問題を見いだし，課題を設定することができる。 ・<u>普段の生活における幼児との関わりや幼児へのイメージ等アンケート機能を使い調査をして，その結果を共有する。</u> ・アンケート等から問題を見いだし課題を設定する。		①		〔思〕①触れ合い体験での幼児との関わり方について問題を見いだし，課題を設定している。 〈ポートフォリオ〉
触れ合い体験で幼児とよりよく関わるにはどのようにしたらよいだろうか					
〔２〕 3 ・ 4	○幼児の身体の発育や運動機能，言語，認知，情緒，社会性の発達の特徴について理解することができる。 ・こども園の幼児の生活の様子の動画を視聴し，身体の発育や運動機能，言語，認知，情緒，社会性の発達の様子についてワークシートに気付いたことを記入する。 ・<u>ホワイトボード機能を使い，年齢ごと表にまとめ，幼児の発達の特徴を話し合う。</u> ・表を全体で共有し，幼児の発達の特徴をまとめる。	② ★		①	〔知〕②幼児の身体の発育や運動機能，言語，認知，情緒，社会性の発達の概要について理解している。 〈ワークシート〉〈ペーパーテスト〉 〔主〕①幼児との関わり方について，課題の解決に主体的に取り組もうとしている。 〈ポートフォリオ〉〈行動観察〉
5	○幼児の生活の特徴や基本的な生活習慣について理解することができる。 ・幼児のこども園や家庭での1日のスケジュールや写真から，幼児の生活の特徴や基本的な生活習慣についてまとめる。	③			〔知〕③幼児の生活の特徴や基本的な生活習慣について理解している。 〈ワークシート〉〈ペーパーテスト〉
6	○子供が育つ環境としての家族の役割について理解することができる。 ・こども園や家庭での生活の写真，前時まで	④			〔知〕④子供が育つ環境としての家族の役割について理解している。 〈ワークシート〉

	学習活動			評価規準・評価方法等
	・の動画等の資料から，家族の役割について気付いたことをグループでまとめ，発表する。 ・第1時の家族・家庭の基本的な機能の視点から，自分の考えをまとめる。			
〔3〕 7	○幼児にとっての遊びの意義や幼児との関わり方について理解することができる。 ・幼児の遊びの様子をオンライン（またはビデオ）で観察し，遊びで発達する能力について学習カードにまとめる。 ・こども園の保育教諭に幼児との関わり方について心配なことや疑問に思っていること等をオンラインで質問し，関わり方についての案をまとめる。	⑤		〔知〕⑤幼児にとっての遊びの意義や幼児との関わり方について理解している。 〈ワークシート〉〈ペーパーテスト〉
8 ・ 9 本時	○触れ合い体験での幼児との関わり方ついて計画を工夫することができる。 ・グループで考えたことを実践計画書にまとめる。 ・同年齢の担当グループごと，計画について意見交換をし，実践計画書を見直す。 ・計画について，オンラインでこども園の保育教諭に説明し，アドバイスをもらう。 ・計画を再考し，関わり方の練習をする。	②		〔思〕②触れ合い体験での幼児との関わり方について考え，計画を工夫している。 〈実践計画書〉〈行動観察〉
10 ・ 11	○触れ合い体験を通して幼児との関わり方を工夫することができる。 ・グループごと，計画に沿って実践する。 （こども園の遊び道具を使った遊びや絵本の読み聞かせ等） ・触れ合い体験の様子を動画で記録する。		②	〔主〕②幼児との関わり方について，課題解決に向けた一連の活動を振り返って改善しようとしている。 〈行動観察〉〈ポートフォリオ〉
12	○触れ合い体験を振り返り，観察したことや幼児との関わり方について発表し，実践報告書にまとめることができる。 ・担当した年齢の幼児の発達の様子についてホワイトボード機能でまとめ，発表する。 ・異年齢の様子も合わせて，幼児の身体の発育や運動機能，発達の概要についてワークシートにまとめる。	② ④		〔知〕②幼児の身体の発育や運動機能，言語，認知，情緒，社会性の発達の概要について理解している。 〈ワークシート〉〈実践報告書〉 〔思〕④触れ合い体験での幼児との関わり方についての課題解決に向けた一連の活動について，考察したことを論理的に表現している。 〈ワークシート〉〈実践報告書〉
13	○触れ合い体験を振り返り，幼児との関わり方についての実践を評価したり改善したりすることができる。 ・幼児との関わり方について，記録動画を視聴し，グループごとに意見交換をする。 ・幼児とのよりよい関わり方について考え，生活に生かせることをまとめ，発表する。	③ ③		〔思〕③触れ合い体験での幼児との関わり方について実践を評価したり，改善したりしている。 〈ワークシート〉〈実践報告書〉 〔主〕③幼児との関わり方について工夫し創造し，実践しようとしている。 〈ワークシート〉〈ポートフォリオ〉

5 本時の展開 (8・9／13時間)

(1)小題材名 幼児との触れ合い体験をしよう

(2)ねらい 幼児との触れ合い体験について計画を工夫することができる。

(3)学習活動と評価

時間 (分)	学習活動 ICT の活用場面	・指導上の留意点 ■評価規準〈評価方法〉
5	1　前時のこども園の保育教諭からのアドバイスを確認する。 2　本時の流れについて説明し，めあてを確認する。	・こども園の保育教諭からの関わり方のポイントを提示し，確認する。 ・これまでの学習カードや動画の内容等，実践計画書を作成する上で参考にできるものを示す。
	幼児とのよりよい関わり方を考え，実践計画を工夫しよう	
30	3　グループごと，どのような体験ができるか前時に考えたことをもとに話し合い，実践計画書にまとめる。 〈実践計画（幼児との遊び）例〉 ・絵本のよみ聞かせ ・紙芝居のよみ聞かせ ・こども園にある遊び道具を使った関わり 　（おままごと，粘土，砂遊び，縄跳び等） ・折り紙，お絵かき　　　　など	・実践計画書は端的に分かりやすいものになるよう，例示をする。 ・幼児の発達の特徴等，既習事項を生かし，対象児に合った計画になるよう助言する。 ・対象児に合ったものになっているか，関わり方を工夫しているか等，アドバイスをもらう視点を事前にこども園の保育教諭と打ち合わせをしておく。 ・関わり方のポイントをもとに，アドバイスをするよう助言する。
20	4　同年齢の担当グループごと，計画について意見交換をし，実践計画書を見直す。	・対象児の発達の特徴を保育教諭からのアドバイスを生かすよう助言する。
15	5　グループごとに計画についてオンラインでこども園の保育教諭に説明し，アドバイスをもらう。	
15	6　計画を再考し，関わり方の練習をする。	■**思考・判断・表現②** 〈実践計画書〉〈行動観察〉
15	7　本時の学習をまとめ，次時のこども園での体験について流れを確認する。	・当日の触れ合い体験のイメージをもてるようにする。

(4)学習評価のポイント

　本時の「思考・判断・表現」の評価規準②については，グループで実践計画を立てる場面において，実践計画書の記述内容や行動観察から評価する。幼児の発達の特徴を踏まえて関わり方を工夫して計画を立てている場合を，「おおむね満足できる」状況（B）と判断した。その際，「努力を要する」状況（C）と判断される生徒に対しては，対象児の発達の特徴について振り返ったり，こども園の保育教諭からのアドバイスを確認したりして，考えるよう促す。

　また，幼児との遊び方などについても具体的に考え，計画を立てている場合を，「十分満足できる」状況（A）と判断した。

6 主体的・対話的で深い学びを実現する学習指導〈ICT 活用〉の工夫

[主] 幼児との触れ合い体験の場面で1人1台端末を活用し，体験の様子を動画撮影することにより，幼児との関わり方を振り返り，自己評価・改善等に生かすことができるようにする。

[対] こども園の保育教諭に触れ合い体験の内容を説明したり，体験内容の実践をしたりしてアドバイスをもらう場面で，1人1台端末を活用して交流することにより，考えを明確にしたり広げ深めたりすることができるようにする。

[深] 触れ合い体験での幼児との関わり方について問題を見いだして課題を設定し，こども園での触れ合い体験の計画，実践，評価・改善という一連の学習活動の中で，「協力・協働」の見方・考え方を働かせながら課題の解決に向けて自分の考えを構想したり，表現したりすることができるようにする。

|CT（1人1台端末）の主な活用場面と活用のポイント

〈本時の場面における活用〉

●解決方法の検討と計画（第8・9時）

　こども園での触れ合い体験の内容をグループごとに考え，計画する場面や再考する場面において，実践計画書をプレゼンテーション機能を活用して作成する。グループで協働して作成することができるとともに，話合いや修正等がしやすいよさがある。同年齢を担当するグループとの意見交換では可視化された意見を参考にでき，計画を再考しやすい。こども園の保育教諭に説明する場面でも，画面に映し出された実践計画書をもとにしての説明は分かりやすい。

　また，体験内容を実践し，アドバイスをもらう場面において，絵本の読み聞かせや遊び道具を使ってのシミュレーション等をこども園の保育教諭に実際に見てもらうことにより，よりよい関わり方を具体的に学ぶことができたり，実践の改善に生かしたりすることができる。

　実際に関わる複数のこども園のクラスの保育教諭とオンラインにより関わることは，中学校やこども園の時間的な負担を減らすことができる。保育教諭とコミュニケーションをとることは，こども園での体験に対する不安等を軽減したり，体験への主体性を高めたりすることにもつながる。

〈その他の場面における活用〉

●実践活動の評価・改善（第12時）

　担当した年齢の幼児の発達の様子について，ホワイトボード機能でまとめ，3.4時間目で学んだ発達の特徴等と比べたりすることで実感を伴って理解することができる。

　また，他のグループが作成した異年齢の発達の様子についても自分の端末で確認したり，担当した幼児の様子と比べたりすることで理解を深めることができる。データを自分のグループのものと合わせて保存し，自主学習に活用することもできる。

■実践計画書（本時）

○○こども園【　　　　】クラス実践計画書

触れ合い体験の課題	
その理由	

組　　　　班
メンバー
・　　　　　　・
・　　　　　　・
・　　　　　　・

計画している遊び	
必要な遊び道具	
遊び方	

工夫するところ

こども園の先生
に聞きたいこと

思②

■1人1台端末活用の実際

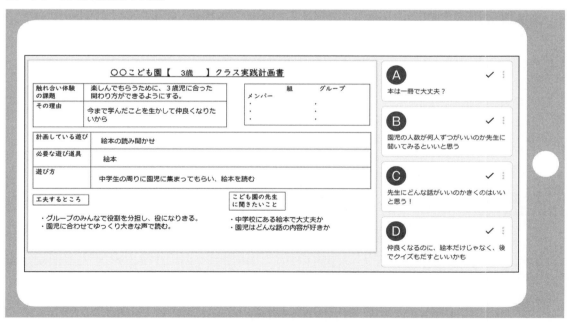

（榛原砂穂理）

A　家族・家庭生活

3 地域の高齢者とともに地区交流会「元気レクリエーション」をしよう

A(3)ア(イ)イ

1 題材について

　この題材は，「A家族・家庭生活」の(3)「家族・家庭や地域との関わり」のアの(イ)「高齢者との関わり方」及びイ「地域の人々と協働する方法の工夫」との関連を図っている。地域の高齢者とともに地区交流会「元気レクリエーション」をしようという課題を設定し，「協力・協働」の視点から考え，工夫する活動を通して，家庭生活と地域との関わりについて理解し，高齢者との関わり方に関する知識を身に付けるとともに，これからの生活を展望して，地域における生活の課題を解決する力や家庭生活を工夫し創造しようとする実践的な態度を育成することをねらいとしている。

2 題材の目標

(1)　家庭生活は地域との相互の関わりで成り立っていることが分かり，高齢者など地域の人々と協働する必要があることや介護など高齢者との関わり方について理解する。

(2)　高齢者など地域の人々と関わり，協働する方法について問題を見いだして課題を設定し，解決策を構想し，実践を評価・改善し，考察したことを論理的に表現するなどして課題を解決する力を身に付ける。

(3)　地域の人々と協働し，よりよい生活の実現に向けて，地域の人々との関わりについて，課題の解決に主体的に取り組んだり，振り返って改善したりして，生活を工夫し創造し，実践しようとする。

3 題材の評価規準

知識・技能	思考・判断・表現	主体的に学習に取り組む態度
家庭生活は地域との相互の関わりで成り立っていることが分かり，高齢者など地域の人々と協働する必要があることや介護など高齢者との関わり方について理解している。	高齢者など地域の人々と関わり，協働する方法について問題を見いだして課題を設定し，解決策を構想し，実践を評価・改善し，考察したことを論理的に表現するなどして課題を解決する力を身に付けている。	地域の人々と協働し，よりよい生活の実現に向けて，地域の人々との関わりについて，課題の解決に主体的に取り組んだり，振り返って改善したりして，生活を工夫し創造し，実践しようとしている。

4 指導と評価の計画（全6時間）

〔1〕家庭生活と地域との関わりを考えよう（本時1／6）‥‥‥‥‥‥‥‥‥‥‥‥1時間

〔2〕地区交流会「元気レクリエーション」に向けて高齢者との関わり方を調べよう

‥‥‥‥‥2時間

〔3〕地区交流会「元気レクリエーション」を工夫しよう ‥‥‥‥‥‥‥‥‥‥‥‥‥2時間

〔4〕地区交流会「元気レクリエーション」を振り返ろう ‥‥‥‥‥‥‥‥‥‥‥‥‥1時間

〔次〕時	○ねらい・学習活動　ICTの活用場面	評価の観点			評価規準〈評価方法〉
		知	思	主	
〔1〕1本時	○家庭生活は地域との相互の関わりで成り立っていることが分かり，高齢者など地域の人々と関わり，協働する方法について問題を見いだし，課題を設定することができる。 ・学校周辺のマップをもとに，自分が住んでいる地域で行われている行事や活動への参加状況をアンケート機能を活用して確認する。 ・ウェブ会議で，地域の人から話を聞き，地域の人々との関わりについて考える。 ・地区交流会「元気レクリエーション」で高齢者など地域の人々と関わり，協働する方法について問題を見いだして課題を設定する。	①	①		〔知〕①家庭生活は地域との相互の関わりで成り立っていることが分かり，高齢者など地域の人々と協働する必要があることについて理解している。 〈ワークシート〉 〔思〕①地区交流会で高齢者など地域の人々と関わり，協働する方法について問題を見いだして課題を設定している。 〈ワークシート〉
〔2〕2・3	○高齢者の身体の特徴を踏まえた関わり方について理解することができる。 ・地域の高齢者とのウェブ会議を通して，筋力や聴力，視力の低下等の話を聞く。 ・グループごとに高齢者の立ち上がりや歩行，聞こえ方や視力の低下などを体験し，介助の仕方を考え，発表する。 ・高齢者の身体の特徴を踏まえた関わり方についてデジタル付箋にまとめ，どのようなレクリエーションができるのかを考える。	②		①	〔知〕②介護など高齢者との関わり方について理解している。 〈ワークシート〉〈行動観察〉 〔主〕①高齢者など地域の人々との関わり方について，課題の解決に主体的に取り組もうとしている。 〈ワークシート〉〈行動観察〉
〔3〕4・5	○高齢者など地域の人々と関わり協働するための計画を工夫することができる。 ・グループごとに地区交流会「元気レクリエーション」の実践計画を考え，スライドにまとめる。 ・グループごとに地区交流会「元気レクリエーション」の実践計画を発表する。		②		〔思〕②地区交流会で高齢者など地域の人々と関わり，協働する方法について「元気レクリエーション」の計画を考え，工夫している。 〈ワークシート〉

	・<u>友達や先生からのアドバイスをもとに実践</u> <u>計画を検討する。</u>		②	〔主〕②高齢者など地域の人々との関わり方について，課題解決に向けた一連の活動を振り返って改善しようとしている。 〈ワークシート〉〈行動観察〉

地域での実践

〔4〕 6	○グループごとに地区交流会「元気レクリエーション」の実践について発表し合い，評価・改善することができる。		④	〔思〕④「元気レクリエーション」の課題解決に向けた一連の活動について，考察したことを論理的に表現している。 〈ワークシート〉
	・<u>グループごとに実践を発表する。</u> ・他のグループの発表を参考にして，グループの実践を評価・改善する。		③	〔思〕③「元気レクリエーション」の実践を評価したり，改善したりしている。 〈ワークシート〉
	・<u>高齢者など地域の人々とのよりよい関わり</u> <u>方や協働する方法について</u>まとめる。		③	〔主〕③高齢者など地域の人々との関わりについて工夫し創造し，実践しようとしている。 〈ワークシート〉

5 本時の展開 （1／6時間）

(1)小題材名　家庭生活と地域との関わりを考えよう

(2)ねらい　家庭生活は地域との相互の関わりで成り立っていることが分かり，高齢者など地域の人々と関わり，協働する方法について問題を見いだし，課題を設定することができる。

(3)学習活動と評価

時間 （分）	学習活動 ICT の活用場面	・指導上の留意点 ■評価規準 〈評価方法〉
10	1　学校周辺のマップをもとに，自分が住んでいる地域で行われている行事や活動への参加状況をアンケート機能を活用して確認し，気付いたことを発表する。	・学校周辺のマップを示し，地域で行われている活動と場所が想起できるようにする。 ・地域行事等の参加状況のアンケート結果を提示する。 ・地域行事に参加している生徒の発表から，家庭生活が地域の人に支えられていることに気付くようにする。
	2　本時の学習のめあてを確認する。	
	家庭生活と地域の人々との関わりについて考えよう	

15	3　ウェブ会議で学校に関わる地域の人から話を聞く。 4　地域の人々との関わりについて考え，ワークシートにまとめる。	・地域の人が学校に関わる理由やその思いに触れさせる。 ・①地域の人が問題に思っていること②地域の人と関わることのよさ③中学生に期待していることの三つの視点で考えさせる。 ・三つの視点の共通項をもとに地域と関わるだけでなく，協働していく必要があることに気付かせる。 ■知識・技能① 〈ワークシート〉
15	5　地区交流会「元気レクリエーション」で高齢者など地域の人々と関わり，協働する方法について問題を見いだして課題を設定する。	・地区交流会で高齢者や地域の人と協働するにためには，どのようにすればいいのか考えさせる。 ■思考・判断・表現① 〈ワークシート〉
10	6　本時の学習をまとめ，振り返る。	・各自が設定した課題を，主体的に解決するよう意欲を高める。

(4)学習評価のポイント

　本時の「知識・技能」の評価規準①については，地域の人々との関わりについてまとめる場面において，ワークシートの記述内容から評価する。家庭生活は地域との相互の関わりで成り立っていることや，地域の人々と協働する必要があることについて記述している場合を，「おおむね満足できる状態」（B）と判断した。

　「思考・判断・表現」の評価規準①については，地区交流会「元気レクリエーション」で地域の人々と関わり，協働するための課題を設定する場面において，ワークシートの記述内容から評価する。「協力・協働」の視点から，高齢者など地域の人々との関わりについて課題を設定し，その理由を記述している場合を，「おおむね満足できる」状況（B）と判断した。その際，「努力を要する」状況（C）と判断される生徒に対しては，地域で行われている行事を想起させたり，他の生徒の発表を参考に地域の一員としての中学生にできることを考えさせたりする。また，「元気レクリエーション」での具体的な場面を想定し，問題を見いだして課題を設定し，その理由を記述している場合を，「十分満足できる」状況（A）と判断した。

6 主体的・対話的で深い学びを実現する学習指導〈ICT活用〉の工夫

主 課題設定の場面で，ウェブ会議で学校に関わる地域の人から話を聞き，地域の人が問題に思っていること，地域の人と関わることのよさ，中学生に期待していることの三つの視点で考えることにより，高齢者など地域の人々と関わり，協働する方法について課題をもって主体的に学習に取り組めるようにする。

対 地区交流会「元気レクリエーション」の実践計画を発表し検討する場面で，1人1台端末を活用し，工夫点や注意点を伝え合う活動を充実することにより，互いの考えを広げ深めることができるようにする。

深 地区交流会「元気レクリエーション」において，高齢者など地域の人々と関わり，協働する方法について問題を見いだして課題を設定し，計画，実践，評価・改善する一連の学習活動の中で，「協力・協働」の見方・考え方を働かせながら，課題の解決に向けて自分の考えを構想したり，表現したりすることができるようにする。

ＩＣＴ（１人１台端末）の主な活用場面と活用のポイント

〈本時の場面における活用〉

●生活の課題発見（第１時）

　自分が住んでいる地域で行われている行事や活動への参加状況を把握する場面において，アンケート機能を活用してアンケート項目を作成し生徒に配信，回答内容を集計する。表計算ソフトを活用して生徒が回答した情報をリアルタイムで共有することで，地域行事への参加状況や他の生徒の意見が分かり，学習内容への興味・関心を高めることができる。

　さらに，学校に関わる地域の人から話を聞く場面において，ウェブ会議を活用したオンラインによる交流を行うことにより，移動や集合のために費やす時間を有効活用できる。

〈その他の場面における活用〉

●解決方法の検討と計画（第３時）

　高齢者の身体の特徴を踏まえてどのようなレクリエーションができるか，「元気レクリエーション」について考える場面で，各自のアイデアをデジタル付箋に入力して共有シートにまとめ，グループで意見交流し，考えを広げ深める活動が考えられる。

　１人１台端末を活用することで発言することが苦手な生徒も発表しやすくなり，主体的な学びにつながる。そして，学びの記録を蓄積することにより，グループで共有した意見は生徒がいつでも確認することができ，学習内容の振り返りに生かすことができる。

●解決方法の検討と計画（第４・５時）

　地区交流会「元気レクリエーション」の実践計画をグループごとに発表する場面で，プレゼンテーション機能を活用することによりイラストや写真を用いることができ，実践計画がイメージしやすくなる。

　さらに，発表内容に対して友達や先生がアイデアやコメントを送り合うことで活発な意見交流ができ，実践計画をよりよくすることに効果的である。

ワークシート等の例［1人1台端末においても活用可能］

■ワークシートの一部（本時）

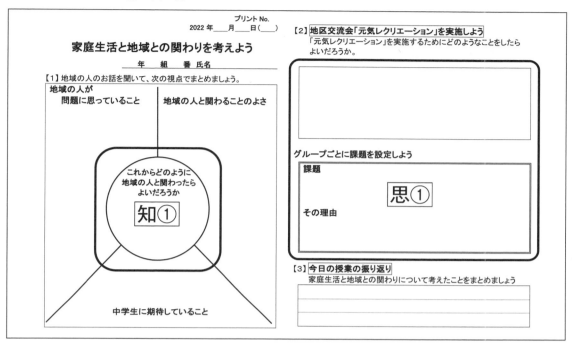

プリント No.

2022 年＿＿月＿＿日（＿）

家庭生活と地域との関わりを考えよう

年　組　番 氏名＿＿＿＿

【1】地域の人のお話を聞いて、次の視点でまとめましょう。

地域の人が
問題に思っていること　　地域の人と関わることのよさ

これからどのように
地域の人と関わったら
よいだろうか

知①

中学生に期待していること

【2】地区交流会「元気レクリエーション」を実施しよう
「元気レクリエーション」を実施するためにどのようなことをしたら
よいだろうか。

グループごとに課題を設定しよう

課題

思①

その理由

【3】今日の授業の振り返り
家庭生活と地域との関わりについて考えたことをまとめましょう

■1人1台端末活用の実際〔ウェブ会議で地域の人から聞いたこと〕

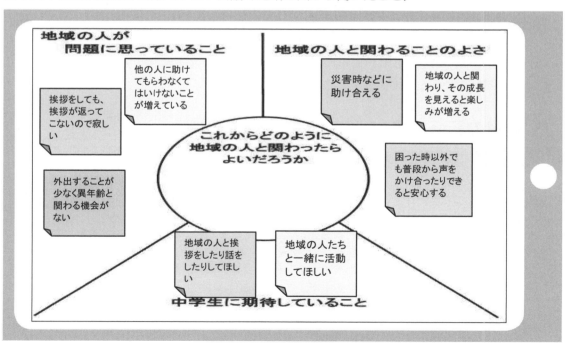

地域の人が
問題に思っていること

他の人に助け
てもらわなくて
はいけないこと
が増えている

挨拶をしても、
挨拶が返って
こないので寂し
い

外出することが
少なく異年齢と
関わる機会が
ない

地域の人と関わることのよさ

災害時などに
助け合える

地域の人と関
わり、その成長
を見えると楽し
みが増える

困った時以外で
も普段から声を
かけ合ったりでき
ると安心する

これからどのように
地域の人と関わったら
よいだろうか

地域の人と挨
拶をしたり話を
したりしてほし
い

地域の人たち
と一緒に活動
してほしい

中学生に期待していること

(橋爪友紀)

幼児の遊びプロジェクト
～幼児の発達を促す遊び道具を作ろう～

4

A(4)ア

1 題材について

　この題材は，「A家族・家庭生活」の(2)「幼児の生活と家族」の学習を基礎とし，「B衣食住の生活」の(5)「生活を豊かにするための布を用いた製作」との関連を図ったA(4)「家族・家庭生活についての課題と実践」の題材である。幼児の生活の中から問題を見いだして「幼児の発達を促す遊び道具を作ろう」という課題を設定し，「協力・協働」，「安全」の視点から考え，「幼児の遊びプロジェクト」の計画を立てて実践した結果を評価・改善し，考察したことを論理的に表現するなどの学習を通して，課題を解決する力や生活を工夫し創造しようとする実践的な態度を育成することをねらいとしている。

2 題材の目標

(1)　幼児の生活の中から問題を見いだして課題を設定し，解決策を構想し，「幼児の遊びプロジェクト」の計画を立てて実践した結果を評価・改善し，考察したことを論理的に表現するなどして課題を解決する力を身に付ける。

(2)　家族や地域の人々と協働し，よりよい生活の実現に向けて，「幼児の遊びプロジェクト」について，課題の解決に主体的に取り組んだり，振り返って改善したりして，生活を工夫し創造し，家庭や地域などで実践しようとする。

3 題材の評価規準

知識・技能	思考・判断・表現	主体的に学習に取り組む態度
	幼児の生活の中から問題を見いだして課題を設定し，解決策を構想し，「幼児の遊びプロジェクト」の計画を立てて実践した結果を評価・改善し，考察したことを論理的に表現するなどして課題を解決する力を身に付けている。	家族や地域の人々と協働し，よりよい生活の実現に向けて，「幼児の遊びプロジェクト」について，課題の解決に主体的に取り組んだり，振り返って改善したりして，生活を工夫し創造し，家庭や地域などで実践しようとしている。

4 指導と評価の計画（全5時間）

〔1〕「幼児の遊びプロジェクト」を計画しよう（本時2・3／5）……………3時間

〔2〕「幼児の遊びプロジェクト」の実践を振り返ろう……………………………2時間

〔次〕 時	○ねらい ・学習活動　ICTの活用場面	評価の観点 知	思	主	評価規準〈評価方法〉
〔1〕 1	○幼児の生活の中から問題を見いだし，「幼児の遊びプロジェクト」の課題を設定することができる。 ・幼児との触れ合い体験や幼稚園教諭，保育士等へのインタビューの記録（動画）等を確認しながら，幼児の生活の中から問題点を見いだし，課題を設定する。 〈問題点の例〉 ・着脱衣のときに，ボタンをかけたりはずしたりすることがうまくできない。 〈課題の例〉 ・ボタンのかけはずしの練習ができる遊び道具を製作する。		① ①		〔思〕①幼児の生活の中から問題を見いだして「幼児の遊びプロジェクト」の課題を設定している。 〈計画・実践レポート〉 〔主〕①「幼児の遊びプロジェクト」に関する課題の解決に向けて主体的に取り組もうとしている。 〈ポートフォリオ〉〈行動観察〉
2 ・ 3 本 時	○「幼児の遊びプロジェクト」の実践計画を考え，工夫することができる。 ・各自が対象とする幼児の課題に基づき，「幼児の遊びプロジェクト」の実践計画を立てる。 ・実践計画について発表し合い，よいところやアドバイスについて，グループで意見交流をする。 ・グループ活動での意見交流を受けて，実践計画を見直す。		② ②		〔思〕②「幼児の遊びプロジェクト」の課題の解決に向けて，よりよい生活を考え，実践計画を工夫している。 〈計画・実践レポート〉〈行動観察〉 〔主〕②「幼児の遊びプロジェクト」の課題解決に向けた一連の活動を振り返って改善しようとしている。 〈ポートフォリオ〉〈行動観察〉
	家庭及び地域（幼稚園，保育所等）での実践 ※カメラ機能を活用して体験の様子を撮影する。				
〔2〕 4 ・ 5	○「幼児の遊びプロジェクト」の実践についてまとめたり，発表したりすることができる。 ・実践したことをスライドにまとめる。 ・グループ内で実践発表会を行い，アドバイスし合う。		④		〔思〕④「幼児の遊びプロジェクト」に関する課題解決に向けた一連の活動について，考察したことを筋道を立てて説明したり，発表したりしている。 〈計画・実践レポート〉〈スライド〉

		③	〔思〕③「幼児の遊びプロジェクト」に関する課題の解決に向けて，家庭や地域などで実践した結果を評価したり，改善したりしている。〈計画・実践レポート〉〈スライド〉〔主〕③更に，よりよい生活にするために「幼児の遊びプロジェクト」に関する新たな課題を見付け，家庭や地域での次の実現に取り組もうとしている。〈ポートフォリオ〉〈行動観察〉
○「幼児の遊びプロジェクト」の実践について家庭や地域で実践した結果を評価したり，改善したりすることができる。・他の生徒からの意見やアドバイスを踏まえ，実践を評価し，改善する。・よりよい生活にするために幼児の発達を促す遊び道具について新たな課題を見付け，次の実践について考えたことを発表し合う。		③	

5 本時の展開（2・3／5時間）

(1)**小題材名** 「幼児の遊びプロジェクト」を計画しよう

(2)**ねらい** 「幼児の遊びプロジェクト」の実践計画を考え，工夫することができる。

(3)**学習活動と評価**

時間（分）	学習活動ICTの活用場面	・指導上の留意点■評価規準〈評価方法〉
5	1　本時の学習課題を確認する。	
	「幼児の遊びプロジェクト」の実践計画を工夫しよう	
5	2　各自が対象とする幼児の課題を確認する。〈課題の例〉	■思考・判断・表現②〈計画・実践レポート〉〈行動観察〉
	・ボタンのかけはずしの練習ができる遊び道具を製作する。	
30	3　課題に基づき，「幼児の遊びプロジェクト」の実践計画を立てる。	・対象とする幼児の発達の特徴や興味・関心を踏まえて，計画するよう確認する。
	・製作理由・対象児・材料・作り方・遊び方	・作成した計画・実践レポートは，クラウド上に保存し，全体で共有できるようにする。
20	4　「幼児の遊びプロジェクト」の実践計画についてグループで発表し合い，よいところやアドバイスについて，意見交流をする。	・他のグループの意見交流の内容も参考にするよう助言する。
20	5　ゲストティーチャー（幼稚園教諭，保育士など）から感想やアドバイスをもらう。	

15	6　他の生徒やゲストティーチャーのアドバイスをもとに，実践計画を見直す。	
5	6　本時を振り返り，家庭や地域での実践に向けて考えたことをまとめる。	■**主体的に学習に取り組む態度②** 〈ポートフォリオ〉〈行動観察〉 ・家庭や地域での実践の様子を動画や写真で撮影するよう伝える。

⑷学習評価のポイント

　本時の「思考・判断・表現」の評価規準②については，「幼児の遊びプロジェクト」の実践計画を立てる場面において，計画・実践レポートの記述内容及び行動観察から評価する。対象児の発達の特徴を踏まえて，幼児の興味・関心を引き出し，発達を促す遊び道具を考えて実践計画を工夫している場合を，「おおむね満足できる」状況（B）と判断した。その際，「努力を要する」状況（C）と判断される生徒に対しては，幼児の遊びの意義の学習や幼児との触れ合い体験を振り返ったり，他の生徒の計画・実践レポートの記述内容を参考にしたりするよう促す。

　「主体的に学習に取り組む態度」の評価規準②については，「幼児の遊びプロジェクト」の計画を振り返る場面において，ポートフォリオの記述内容や行動観察から評価する。うまくできたこと，できなかったことについて自己評価し，他の生徒のアドバイスを生かして，自分の計画を改善しようと取り組んでいる場合を，「おおむね満足できる」状況（B）と判断した。

6　主体的・対話的で深い学びを実現する学習指導〈ICT活用〉の工夫

主 課題設定の場面で，1人1台端末を活用し，幼稚園等での触れ合い体験を振り返ったり，保育士，幼稚園教諭等へのインタビューの記録を確認したりしながら，幼児の生活について考えることにより，「幼児の遊びプロジェクト」実践の見通しをもって主体的に学習に取り組めるようにする。

対 「幼児の遊びプロジェクト」の実践計画や実践報告会の場面で，1人1台端末を活用し，工夫や改善点を伝え合う活動を充実することにより，互いの考えを深めることができるようにする。

深 触れ合い体験で関わった幼児の生活をよりよいものしようと，問題を見いだして課題を設定し，「幼児の遊びプロジェクト」の計画，実践，評価・改善という一連の学習活動の中で，「協力・協働」・「安全」の見方・考え方を働かせながら幼児の遊び道具の製作に向けて，地域の幼稚園教諭や保育士などと関わり，自分の考えを構想したり，表現したりすることができるようにする。

ICT（1人1台端末）の主な活用場面と活用のポイント

〈本時の場面における活用〉

●解決方法の検討と計画（第2・3時）

　「幼児の遊びプロジェクト」の実践計画を工夫する場面において，計画・実践レポートは文書作成ソフトを活用しクラウド上の共有フォルダに保存しておくことで，発表や確認の際にデータの共有ができる。グループ活動ではホワイトボード機能を活用し，よいところやアドバイスを入力したデジタル付箋を使用する。デジタル付箋は色を変えることができるため，よいところ，アドバイスでそれぞれ色分けすることも考えられる。同時に，他のグループのスライドを参照できるので，話し合いが活発になり効果的である。

〈その他の場面における活用〉

●生活の課題の発見（第1時）

　幼児の生活の中から問題を見いだし，「幼児の遊びプロジェクト」の課題を設定する場面において，幼稚園等の触れ合い体験の動画を視聴したり，保育士，幼稚園教諭等へのインタビューの記録（動画等）をクラウド上に保存し全体で共有したりすることは，問題を見いだす際に効果的である。

●実践活動の発表，評価・改善（第4・5時）

　実践発表会の準備や発表場面において，プレゼンテーション機能を活用して実践活動をまとめる。その際，実践の様子を写真や動画で記録したものを取り入れ，作成する。プレゼン資料を用いて，グループや全体での発表し合う活動が考えられる。実践の様子が分かりやすく意見交流が活発化され効果的である。また，文書作成ソフトを活用した計画・実践レポートも記入し，クラウド上に保存する。

ワークシート等の例 ［1人1台端末においても活用可能］

■「幼児の遊びプロジェクト」計画・実践レポートの一部（本時）

【実践計画を立てよう】 思②	
遊び道具	魚釣りゲーム
製作理由	魚を釣って楽しむだけでなく，釣った魚をつなげることでボタンのかけはずしの練習ができ，手指の発達を促す。また，数遊びもできる。
対象児	3〜4歳児
(1)材　料	フェルト（各色），ボタン（各色），厚紙（型紙・釣り竿），丸ひも（またはスズランテープ），磁石，手芸用ボンド　※なるべく家庭にあるものを活用する。
(2)作り方	①厚紙で魚の型紙を作り，型紙に合わせてフェルトを裁断する。 ②フェルトにボタンを付ける。（目の代わり） ③フェルト2枚を合わせてかがり縫いし，口の部分に磁石を付ける。 ④筒状にした厚紙に，ビニールテープを巻いて釣り竿を作る。 ⑤釣り竿の先端に丸ひもを付け，丸ひもの先端に磁石を付ける。
(3)遊び方	・丸ひもの先端を魚の口に近づけて魚を釣る。 ・釣った魚は並べておき，最後に魚の尾の部分にあけたボタンホールにボタン（魚の目の部分）をかけ，魚をつなげて釣った魚の数を数える。
改善点	・魚は，大・中・小の大きさのものを作る（作り方）。 ・幼児が誤飲を防ぐために磁石を布で巻いた後，ボンドでとれないようにしっかり付ける（安全）。 ・遊ぶときは，魚を釣る順番，1回に釣る時間等のルールを決める（遊び方）。

■1人1台端末活用の実際

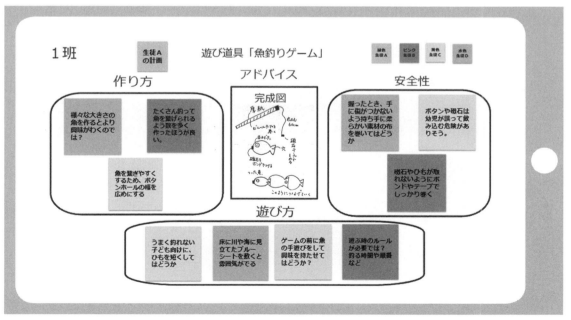

ホワイトボード機能を活用したグループでの話し合い

（押切明子）

5 1日分の献立をプロデュースしよう
～健康な体をつくるのは今～

B(2)ア(イ)イ

1 題材について

　この題材は，「B衣食住の生活」の(2)「中学生に必要な栄養を満たす食事」のア(イ)及びイとの関連を図っている。中学生に必要な栄養を満たす1日分の食事について問題を見いだして課題を設定し，「健康」の視点から，中学生に必要な栄養を満たす1日分の献立について考え，工夫する活動を通して，中学生の1日に必要な食品の種類と概量，1日分の献立作成に関する知識を身に付けるとともに，これからの生活を展望して，食生活の課題を解決する力や食生活を工夫し創造しようとする実践的な態度を育成することをねらいとしている。

2 題材の目標

(1) 中学生の1日に必要な食品の種類と概量，1日分の献立作成の方法について理解する。

(2) 中学生の1日分の献立について問題を見いだして課題を設定し，解決策を構想し，実践を評価・改善し，考察したことを論理的に表現するなどして課題を解決する力を身に付ける。

(3) よりよい生活の実現に向けて，中学生の1日分の献立について，課題の解決に主体的に取り組んだり，振り返って改善したりして，生活を工夫し創造し，実践しようとする。

3 題材の評価規準

知識・技能	思考・判断・表現	主体的に学習に取り組む態度
中学生の1日に必要な食品の種類と概量が分かり，1日分の献立作成の方法について理解している。	中学生の1日分の献立について問題を見いだして課題を設定し，解決策を構想し，実践を評価・改善し，考察したことを論理的に表現するなどして課題を解決する力を身に付けている。	よりよい生活の実現に向けて，中学生の1日分の献立について，課題の解決に主体的に取り組んだり，振り返って改善したりして，生活を工夫し創造し，実践しようとしている。

4 指導と評価の計画 （全5時間）

〔1〕中学生の1日分の献立について課題を設定しよう ……………………… 2時間
〔2〕ハンバーグステーキを夕食とする1日分の献立を考えよう ………………… 2時間
〔3〕栄養バランスのよい献立にするために見直そう （本時5／5）…………… 1時間

※以下ハンバーグステーキは，ハンバーグと表示

〔次〕時	○ねらい・学習活動　ICT の活用場面	評価の観点 知	思	主	評価規準 〈評価方法〉
〔1〕1・2	○中学生の1日分の献立について問題を見いだして課題を設定する。 ・前時のハンバーグの調理実習を振り返り，1食分のバランスのよい食事にするにはどうしたらよいか考える。 ・小学校で学習した1食分の献立作成の方法を振り返る。 ・1日分の献立を作成するにはどうしたらよいか考え，課題を設定する。 （問題点） ・1日に何をどのくらい食べたらよいか。 ・1日分の献立はどのようにして立てるのか。 （課題） ・ハンバーグを夕食とする1日分の献立を立てよう。		①		〔思〕①中学生の1日分の献立について問題を見いだして課題を設定している。 〈献立表〉
	○中学生の1日に必要な食品の種類と概量が分かり，1日分の献立作成の方法について理解することができる。 ・1日に必要な食品の概量の実物を見て，気が付いたことをまとめる。 ・献立作成の手順について確認する。 中学生Aさんの事例から食品群別摂取量の目安を用いて栄養バランスの整え方を確認する。	①		①	〔知〕①中学生の1日に必要な食品の種類と概量が分かり，1日分の献立作成の方法について理解している。 〈「Aさんの献立」ワークシート〉 〔主〕①中学生の1日分の献立について，課題の解決に主体的に取り組もうとしている。 〈行動観察〉〈ポートフォリオ〉
〔2〕3・4	○ハンバーグを夕食とする1日分の献立を考え，工夫することができる。 ・昼食は給食を用い，朝食と主菜をハンバーグとする夕食を考え，1日分の献立を作成する。 ・料理カードやデジタル教材を活用し，栄養バランスや中学生に必要な1日分の食事の量を確認する。		②	②	〔思〕②中学生の1日分の献立について考え，工夫している。 〈献立表〉 〔主〕②中学生の1日分の献立について，課題の解決に向けた一連の活動を振り返って改善しようとしている。 〈行動観察〉〈ポートフォリオ〉
〔3〕5	○ハンバーグを夕食とした1日分の献立を発表し，評価・改善することができる。		④		〔思〕④中学生の1日分の献立についての課題解決に向けた一連の活動

| 本時 | ・1人1台端末を活用して，自分の作成した献立を発表し，グループで意見交換をする。
・アドバイスをもとに献立を評価・改善する。
・改善したことを発表する。
・献立作成を振り返り，これからの食事についてまとめる。
・1日分の献立について新たな課題を見付け，次の実践に向けて考えたことをまとめる。 | | ③

③ | について，考察したことを論理的に表現している。
〈行動観察〉〈献立表〉
〔思〕③中学生の1日分の献立について，実践を評価したり，改善したりしている。
〈献立表〉
〔主〕③よりよい生活の実現に向けて，中学生の1日分の献立について工夫し創造し，実践しようとしている。
〈ポートフォリオ〉 |

5 **本時の展開**（5／5時間）

(1)**小題材名**　ハンバーグを夕食とした1日分の献立を考えよう

(2)**ねらい**　ハンバーグを夕食とした中学生の1日分の献立を発表し，評価・改善することができる。

(3)**学習活動と評価**

時間 （分）	学習活動 ICT の活用場面	・指導上の留意点 ■評価規準〈評価方法〉
5	1　本時の学習課題を確認する。	・それぞれが工夫して立てた献立を評価・改善することを確認する。
	献立の栄養バランスを見直そう	
15	2　1人1台端末を活用して，自分の作成した献立を発表し，グループで意見交換をする。 ・食品群別摂取量の目安をもとに，過不足のある食品群を確認する。 ・アドバイスカードを交換する。	・献立作成における条件や食品群別摂取量の目安を意識して発表になるよう助言する。 ■思考・判断・表現④ 〈行動観察〉〈献立表〉
15	3　アドバイスをもとに献立を評価・改善する。 ・料理カードやデジタル教材などを活用して，不足している食品群を補い，中学生に必要な栄養を満たす1日分の献立について検討する。 ・改善したことを発表する。	・改善した部分を赤で記入するよう助言する。 ■思考・判断・表現③ 〈献立表〉
10	4　献立作成を振り返り，これからの食事についてまとめる。 ・自分の日常の食事と作成した献立表を見て，考えたことをまとめる。	・日常の食生活で気を付けることなどを具体的にまとめるよう助言する。 ■主体的に学習に取り組む態度③ 〈ポートフォリオ〉
5	5　1日分の献立について新たな課題を見付け，次の実践に向けて考えたことをまとめる。	・実践に向けて，意欲を高め，題材のまとめとする。

⑷学習評価のポイント

　本時の「思考・判断・表現」の評価規準③については，ハンバーグを夕食とする１日分の献立の評価・改善の場面において，献立表の記述内容から評価する。作成した１日分の献立を食品群別摂取量の目安を用いて確認し，「健康」の視点から，栄養バランスがよい献立に修正している場合を，「おおむね満足できる」状況（Ｂ）と判断した。その際「努力を要する」状況（Ｃ）と判断される生徒に対しては，料理カードを用いて考えさせたり，他の生徒の改善例を示したりして個に応じて支援する。

　「思考・判断・表現」の評価規準④については，ハンバーグを夕食とする１日分の献立の発表場面において，発表の様子及び献立表の記述の状況から評価する。１日分の献立作成に向けて考察したことを筋道を立てて説明している場合を，「おおむね満足できる状況」（Ｂ）と判断した。

　「主体的に学習に取り組む態度」の評価規準③については，１日分の献立作成を振り返る場面において，ポートフォリオの記述内容から評価する。１日分の献立について新たな課題を見付け，次の実践に取り組もうとする記述が見られる場合を，「おおむね満足できる」状況（Ｂ）と判断した。

◆デジタル教材を活用して改善した朝食・夕食の献立

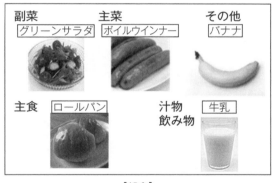

【朝食】

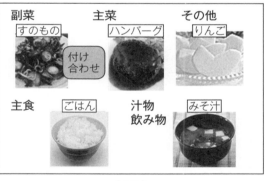

【夕食】

◆昼食（給食）の献立と食品

献立名	食品名	g
玄米ごはん	精白米	90
	強化米	0.27
	玄米	9
牛乳	牛乳	206
えびのカツフライ	えびのカツフライ	60
	油	8
ブロッコリー	ブロッコリー	20

献立名	食品名	g
豚肉とこんにゃくのみそ煮	豚肉	20
	こんにゃく	40
	にんじん	20
	ちくわ	25
	たけのこ	35
	さやいんげん	5
	しょうが	0.4
	しょうゆ	3.5
	さとう	5
	赤みそ	6
	煮干し	1
	サラダ油	2

写真：写真AC・調理したオリジナル写真
　　　マッシュルームソフト（提供：㈱マッシュルームソフト
　　　http://www.msrsoft.com）

6 主体的・対話的で深い学びを実現する学習指導〈ICT活用〉の工夫

主 課題設定の場面で，前時までのハンバーグの調理実習の振り返りから自分の献立の問題を見いだし，小学校で学習した1食分の献立作成の方法をもとに，1日分の献立を作成するにはどうしたらよいか考え，課題を設定できるようにする。

対 作成した献立を評価・改善する場面で，1人1台端末を活用して，グループで発表し，相互評価することにより，1日分の献立について互いの考えを深めることができるようにする。参考にしたい点や更によい献立にするためのアドバイスを交流し，献立表をよりよいものに改善できるようにする。

深 題材を通して生活の営みに係る見方・考え方のうち「健康」を意識できるようにする。中学生に必要な栄養を満たす1日分の食事について問題を見いだして課題を設定し，1日分の献立を工夫する学習活動の中で見方・考え方を働かせながら課題の解決に向けて自分の考えを構想したり，整理したりすることにより，「健康」という概念の形成につなげるようにする。

ICT（1人1台端末）の主な活用場面と活用のポイント

〈本時の場面における活用〉

●実践活動の評価・改善（第5時）

本時の学習では，自分の作成した献立を共有して発表し，グループで意見交換する場面において，事前に作成した献立表を共有し，各自の気付きを入力したデジタル付箋を添付する。友達と比較しながら互いの考えや工夫を認め合うことで考えを深める活動が考えられる。改善する場面において，1人1台端末の表計算ソフトを活用することで計算を省いたり，改善箇所が分かるようにしたりし，改善点を見取ることができる。不足している食品群はデジタル教材を活用し献立を完成する。全体的な栄養バランスをグラフで可視化でき，調整しながら改善することが可能である。

〈その他の場面における活用〉

●生活の課題発見（第2時）

中学生の1日分の献立について問題を見いだして課題を設定する場面において，中学生Aさんの献立例を示し，食品群別摂取量の目安を用いて，表計算ソフトや使用方法を提示し，栄養バランスの整え方を確認する。

●解決方法の検討と計画（第3・4時）

食品群別摂取量の目安をもとに，健康によい食事を計画する場面において表計算ソフトを活用し，バランスがよい献立作成を行うことができる。献立作成の手順に沿って，主菜，主食，副菜等をトレイに配置し，写真を貼り付けることで視覚的に認識できる。彩りや調理方法などが意識でき効果的である。生徒の献立について教師用の端末から，個別指導ができる点もよい。

■「１日分の献立を考えよう」献立表の一部（本時）（男子の例）

	献立名	食品名	g
朝食	ボイルウインナー	ウインナー	75
	ロールパン	ロールパン2個	80
	ポテトサラダ	じゃがいも	50
		にんじん	10
		きゅうり	15
		ハム	10
		マヨネーズ	15
	牛乳	牛乳	206
	プリン	牛乳	100
		卵	50
		さとう	30
	グリーンサラダ	レタス	40
		きゅうり	25
		トマト	50
		ドレッシング	6
	バナナ	バナナ	100
夕食	ハンバーグ	牛ひき肉	35
		豚ひき肉	35
		たまねぎ	35
		卵	12
		パン粉	10
		牛乳	10
		油	5
		粉ふきいも	60
		ほうれん草のソテー	20
	ごはん	米	120
	すのもの	鳴門わかめ	5(50)
		きゅうり	30
		しらすぼし	5(25)
		さとう	4
	コーンスープ	クリームコーン	40
		たまねぎ	20
		バター	1
		牛乳	60
	みそ汁	とうふ	30
		鳴門わかめ	3(30)
		たまねぎ	30
		ふ	4
		みそ	10
	りんご	りんご	120

	献立名	食品名	g	1群	2群	3群	4群	5群	6群
朝食									
昼食									
夕食									
食品群別摂取量の目安		男子	330	400	100	400	500	25	
		女子	300	400	100	400	420	20	
①献立の点検をしよう（合計）			330	552	75	165	500	25	
②過不足の記入			0	152	−25	−235	0	0	
③改善後の点検をしよう（合計）			330	422	135	435	500	25	

【課題】
・３群，４群が少ない。
・２群が多い。

【課題を解決するための改善点】   思③

1　朝食について
・ポテトサラダ → グリーンサラダ（３群，４群を増やした）
・プリン → バナナ（４群を増やした）

2　夕食について
・コーンスープ → みそ汁（２群を減らした）
・ハンバーグの付け合わせに粉ふきいもとほうれん草のソテー（３群，５群を増やした）
・りんご（４群を増やした）

■１人１台端末活用の実際

夕食についてのアドバイス

副菜　すのもの　　主菜　ハンバーグ　　その他
主食　ごはん　　汁物・飲み物　コーンスープ

よい点
　小魚や海藻で成長期に必要なカルシウムがとれる。

よい点
　干しわかめに鳴門わかめを使い，地産地消ができる。

改善点
　野菜をとるのを意識しているようだが，まだ３群，４群が少ないので果物をつけては。

改善点
　ハンバーグに付け合わせはないの。

改善点
　２群が多い。スープはどうなの。

（七條悠子）

B　衣食住の生活

用途に応じて食品を選択しよう
～ハンバーグと蒸し野菜の調理を通して～

B(3)ア(ア)(イ)(ウ)イ

1 題材について

　この題材は，「B衣食住の生活」の(3)「日常食の調理と地域の食文化」のアの(ア)(イ)(ウ)及びイとの関連を図っている。「ハンバーグと蒸し野菜の調理」に用いる食品を適切に選択するという課題を設定し，「健康・安全」の視点から考え，工夫する活動を通して，用途に応じた食品の選択，食品や調理器具等の安全と衛生に留意した管理，材料に適した加熱調理の仕方に関する知識及び技能を身に付けるとともに，これからの生活を展望して，食生活の課題を解決する力や食生活を工夫し創造する実践的な態度を育成することをねらいとしている。

2 題材の目標

(1)　用途に応じた食品の選択，食品や調理器具等の安全と衛生に留意した管理，材料に適した加熱調理の仕方について理解するとともに，それらに係る技能を身に付ける。

(2)　「ハンバーグと蒸し野菜の調理」における食品の選択や調理の仕方，調理計画について問題を見いだして課題を設定し，解決策を構想し，実践を評価・改善し，考察したことを論理的に表現するなどして課題を解決する力を身に付ける。

(3)　よりよい生活の実現に向けて，「ハンバーグと蒸し野菜の調理」について課題の解決に主体的に取り組んだり，振り返って改善したりして，生活を工夫し創造し，実践しようとする。

3 題材の評価規準

知識・技能	思考・判断・表現	主体的に学習に取り組む態度
・日常生活と関連付け，用途に応じた食品の選択について理解しているとともに，適切にできる。 ・食品や調理器具等の安全と衛生に留意した管理について理解しているとともに，適切にできる。 ・材料に適した加熱調理の仕方について理解しているとともに，適切にできる。	「ハンバーグと蒸し野菜の調理」における食品の選択や調理の仕方，調理計画について問題を見いだして課題を設定し，解決策を構想し，実践を評価・改善し，考察したことを論理的に表現するなどして課題を解決する力を身に付けている。	よりよい生活の実現に向けて，「ハンバーグと蒸し野菜の調理」について，課題の解決に主体的に取り組んだり，振り返って改善したりして，生活を工夫し創造し，実践しようとしている。

4 指導と評価の計画 (全9時間)

〔1〕食品（生鮮食品と加工食品）の選び方について考えよう ‥‥‥‥‥‥‥‥‥‥‥‥ 1時間

〔2〕生鮮食品の特徴を調べ，選び方を考えよう ‥‥‥‥‥‥‥‥‥‥‥‥‥‥‥‥‥ 1時間

〔3〕ハンバーグと蒸し野菜の調理をしよう ‥‥‥‥‥‥‥‥‥‥‥‥‥‥‥‥‥‥ 5時間

〔4〕加工食品の特徴を調べ，選び方を考えよう（本時8・9／9）‥‥‥‥‥‥‥‥‥ 2時間

★は指導に生かす評価

〔次〕時	○ねらい・学習活動　ICTの活用場面	評価の観点 知	評価の観点 思	評価の観点 主	評価規準〈評価方法〉
〔1〕1	○「ハンバーグと蒸し野菜の調理」に用いる食品（生鮮食品と加工食品）の選択や加熱調理（焼く・蒸す）の仕方，調理計画について問題を見いだし課題を設定することができる。 ・「ハンバーグと蒸し野菜の調理」の材料を確認する。 ・食品（生鮮食品と加工食品）の選択や調理の仕方，調理計画について課題を設定する。		①		〔思〕①「ハンバーグと蒸し野菜の調理」における食品の選択や調理の仕方，調理計画について問題を見いだし，課題を設定することができる。 〈ワークシート〉
〔2〕2	○用途に応じた食品（肉・野菜）の選択について理解し，適切に選択することができる。 ・肉の種類や部位の特徴，野菜の選び方について調べ，まとめる。 ・ハンバーグと蒸し野菜の調理に適した肉や野菜の選び方をワークシートにまとめる。	①			〔知〕①用途に応じた食品（生鮮食品）の選択について理解しているとともに，適切にできる。 〈ワークシート〉
〔3〕3・4	○調理器具の安全な取扱いと「ハンバーグと蒸し野菜の調理」の仕方について理解し，調理することができる。 ・ハンバーグの調理動画を視聴し，気付いたことを話し合う。 ・ひき肉の取扱い，こね方，焼き方について，なぜそのようにするのか考え，発表する。 ・蒸し器の取扱いと蒸し野菜の調理の手順を確認する。 ・蒸す調理とゆでる調理，いためる調理を比較して，調理の特徴をまとめる。	②★ ③★ ④★		 ①	〔知〕②ハンバーグの調理の仕方について理解しているとともに，適切にできる。 〈ワークシート〉〈行動観察〉 〔知〕③蒸し野菜の調理について理解しているとともに，適切にできる。 〈ワークシート〉〈ペーパーテスト〉 〔知〕④食品や調理器具を安全衛生に留意した管理について理解しているとともに適切にできる。 〈ワークシート〉〈行動観察〉 〔主〕①「ハンバーグと蒸し野菜の調理」について，課題の解決に主体的に取り組もうとしている。 〈ポートフォリオ〉〈行動観察〉
5	○「ハンバーグと蒸し野菜の調理」の調理計画を考え，工夫することができる。 ・調理の流れの動画を視聴する。 ・材料・分量を確認する。		②		〔思〕②「ハンバーグと蒸し野菜の調理」における食品の選択の仕方や調理の仕方，調理計画について考え，工夫している。

時	学習活動	知	思	主	評価規準（〔 〕）・評価方法（〈 〉）
	・手順を考え，効率的な調理計画を立てる。 ・調理計画を見直す。			②	〈実習計画表〉 〔主〕②「ハンバーグと蒸し野菜の調理」について，課題の解決に向けた一連の活動を振り返って改善しようとしている。 〈ポートフォリオ〉
6・7	○調理計画をもとに，「ハンバーグと蒸し野菜の調理」を行うことができる。 ・班の分担を確認する。 ・調理の場面（焼く・蒸す）を1人1台端末で撮影する。 ・試食する。	② ③ ④			〔知〕②ハンバーグの調理の仕方について理解しているとともに，適切にできる。 〈ワークシート〉〈行動観察〉 〔知〕③蒸し野菜の調理について理解しているとともに，適切にできる。 〈ワークシート〉〈行動観察〉 〔知〕④食品や調理器具を安全衛生に留意した管理について理解しているとともに，適切にできる。 〈ワークシート〉〈行動観察〉
	・実習を振り返り，まとめる。		③		〔思〕③「ハンバーグと蒸し野菜の調理」の実践を評価したり改善したりしている。 〈実習記録表〉
〔4〕 8・9 本時	○加工食品のハンバーグについての情報を収集・整理し，用途に応じて選択することができる。 ・「ハンバーグと蒸し野菜の調理」の実習を振り返る。 ・加工食品の表示について確認する。 ・加工食品のハンバーグの表示や価格の情報を収集し，整理する。 ・手作りハンバーグと比較し，用途に応じて加工食品のハンバーグを選択する。 ・各自が選択したハンバーグをグループで発表し合う。 ・加工食品のハンバーグの選択について，振り返りまとめる。	①	④		〔知〕①用途に応じた食品（加工食品）の選択について理解しているとともに，適切にできる。 〈ワークシート〉 〔思〕④「ハンバーグと蒸し野菜の調理」の課題解決に向けた一連の活動について，考察したことを論理的に表現している。 〈ワークシート〉〈行動観察〉
	・本時を振り返り，気付いたことや分かったことをまとめ，発表する。			③	〔主〕③「ハンバーグと蒸し野菜の調理」について，工夫し，創造し，実践しようとしている。 〈ポートフォリオ〉

5 本時の展開 (8・9／9時間)

(1)小題材名 加工食品の特徴を調べ，選び方を考えよう

(2)ねらい 加工食品のハンバーグについての情報を収集・整理し，用途に応じて選択することができる。

(3)学習活動と評価

時間 (分)	学習活動 ICT の活用場面	・指導上の留意点 ■評価規準〈評価方法〉
10	1 「ハンバーグと蒸し野菜の調理」の実習を振り返る。 2 本時の学習課題を確認する。	・手作り以外に加工食品のハンバーグを用いていることに気付かせる。
	加工食品の特徴を調べ，用途に合わせてハンバーグを選ぼう	
30	3 加工食品の表示について確認する。 4 加工食品のハンバーグの表示や価格の情報を収集し，整理する。	・手作りと加工食品のハンバーグの材料などを比較し，その特徴を理解できるようにする。 ■知識・技能① 〈ワークシート〉
20	5 手作りのハンバーグと比較し，用途に応じて加工食品のハンバーグを選択する。 ・4人家族で夕食に食べる場合 ・お弁当のおかずとして使う場合	
20	6 各自が選択したハンバーグをグループで発表し合う。	■思考・判断・表現④ 〈ワークシート〉〈行動観察〉
10	7 加工食品のハンバーグの選択について，振り返りまとめる。	
10	8 本時を振り返り，気付いたことや分かったことをまとめ，発表する。	■主体的に学習に取り組む態度③ 〈ポートフォリオ〉

(4)学習評価のポイント

　本時の「知識・技能」の評価規準①については，加工食品のハンバーグの情報を収集・整理し，用途に応じて選択する場面において，ワークシートの記述内容から評価する。加工食品のハンバーグの表示をもとに用途に応じた選択の理由を記述している場合を，「おおむね満足できる」状況（B）と判断した。その際，「努力を要する」状況（C）と判断される生徒に対しては，活用した経験のある生徒の発表を参考に，実際の生活の場面を想定して考えさせるようにする。

　「思考・判断・表現」の評価規準④については，選択したハンバーグをグループで発表し合う場面において，ワークシートの記述内容や発表の様子から評価する。用途ごとに，調理方法や時間等に配慮して選択した理由を記述し，考察したことを筋道を立てて発表している場合を，「おおむね満足できる」状況（B）と判断した。

「主体的に学習に取り組む態度」の評価規準③については，学習を振り返る場面において，ポートフォリオの記述内容から評価する。加工食品の選び方について学んだことを今後の生活に結び付け，生かそうとする記述が見られる場合を，「おおむね満足できる」状況（B）と判断した。

6 主体的・対話的で深い学びを実現する学習指導〈ICT 活用〉の工夫

主 ハンバーグと蒸し野菜の調理に用いる食品の選択や調理の仕方に関する知識及び技能を習得する場面で，１人１台端末を活用することにより，学習の見通しをもって調理計画や実習に主体的に取り組むことができるようにする。

対 食品の特徴をまとめ，用途に応じて加工食品を選択する場面で，１人１台端末を活用し，互いの考えを可視化して話し合い活動を行うことにより，自分の考えを整理したり，考えを深めたりすることができるようにする。

深 「ハンバーグと蒸し野菜の調理」において，生鮮食品や加工食品の選択や調理の仕方について課題を設定し，計画，実践，評価・改善する一連の学習活動の中で，「健康・安全」の見方・考え方を働かせながら，課題の解決に向けて自分の考えを構想したり，表現したりすることができるようにする。

ICT（１人１台端末）の主な活用場面と活用のポイント

〈本時の場面における活用〉

●課題解決の検討と計画（第８・９時）

　加工食品のハンバーグの情報を収集・整理する場面において，共有フォルダーに保存してある加工食品のパッケージやその表示を活用することが考えられる。実物を活用するよりも表示が見やすく，短時間で情報収集ができる。また，選んだハンバーグについて１人１台端末を活用して表示を拡大し，選んだ理由を発表し合うことは，加工食品の選択経験が少ない生徒にとって自分の生活に当てはめて考えることができ効果的である。発表の場面では，ホワイトボード機能を活用して，一斉に表示することで自分の考えと他の生徒の考えを比較することができる。話し合いの際は，デジタル付箋を活用し，付箋の色を観点ごとに区別することで，他の生徒がどの観点で意見を発表しているかが分かり効果的である。

〈その他の場面における活用〉

●課題解決の検討と計画（第３・４時）

　ハンバーグの調理の仕方を確認する場面において，１人１台端末を活用して調理の動画を視聴することにより，生徒がなぜそのようにするのか調理の手順について考えることができる。これにより，生徒の主体的に実習に取り組もうとする意欲を喚起することができ効果的である。また，調理計画を立てる際にも動画を視聴することにより，手順を工夫することができる。

■ワークシートの一部（本時）

本時の目標	加工食品のハンバーグについて調べ，用途に合わせて選ぼう

1　ハンバーグの表示を調べよう　知①

	A　手作り	B　チルド食品	C　冷凍食品	D　レトルト食品
食品				
食品表示	実習した材料 牛肉・豚肉・たまねぎ・卵・パン粉・牛乳・植物油・塩・こしょう			
調理方法				
価格	1個当たり 200円	1個当たり 298円	1個当たり 218円	1個当たり 480円
特徴				

2　用途に応じて選んだハンバーグとその理由をまとめよう

用　途	選んだ食品	選んだ理由
4人家族で夕食に食べる場合		
お弁当のおかずとして使う場合		

■1人1台端末活用の実際（グループでの交流の例）

家族が協力して夕食を作るのはいいと思う。

たまねぎが好きなので，たくさん入れて作ることができる。

家族によって，大きさや形を変えて作ることができる。

市販品よりも材料費が安くすむ。

用　途	選んだ食品	選んだ理由
4人家族で夕食に食べる場合	A	○家族が揃って夕食をとるので，手作りして食べたい。 ○家族が一緒に作ると関係がよくなる。 ○材料費が安くすむ。
お弁当のおかずとして使う場合	B	○作る時間が少なくてすむ。 ○特売のときに買い置きしておけば，いつでも使える。 ○個包装となっているので，使いやすい。

安く売っているときに買い置きするのはいいと思う。

電子レンジで加熱すればいいので，鍋やフライパンを使わなくていい。

朝など，調理時間が少なくてすむので便利。

1人でも2人でも，人数に合わせて使うことができる。

（深井明美）

B　衣食住の生活

7 魚の調理　ムニエルで作る「絶品お魚ランチ」

B(3)ア(ア)(イ)(ウ)イ

1 題材について

　この題材は，「Ｂ衣食住の生活」の(3)「日常食の調理と地域の食文化」のア(ア)，(イ)，(ウ)及びイとの関連を図っている。ムニエルを主菜とする「絶品お魚ランチ」（１食分の調理）について課題を設定し，「健康・安全」の視点から考え，工夫する活動を通して，用途に応じた食品の選択，食品や調理用具等の安全で衛生的な管理，材料に適した加熱調理の仕方に関する知識及び技能を身に付けるとともに，これからの生活を展望して，食生活の課題を解決する力や，食生活を工夫し創造しようとする実践的な態度を育成することをねらいとしている。

2 題材の目標

(1) 用途に応じた食品（魚・野菜）の選択，食品（魚）や調理用具等の安全と衛生に留意した管理，材料（魚・野菜）に適した加熱調理の仕方（焼く・蒸す）について理解するとともに，それらに係る技能を身に付ける。

(2) ムニエルを主菜とする「絶品お魚ランチ」（１食分の調理）における食品の選択や調理の仕方，調理計画について問題を見いだして課題を設定し，解決策を構想し，実践を評価・改善し，考察したことを論理的に表現するなどして課題を解決する力を身に付ける。

(3) よりよい生活の実現に向けて，ムニエルを主菜とする「絶品お魚ランチ」（１食分の調理）について課題の解決に主体的に取り組んだり，振り返って改善したりして，生活を工夫し創造し，実践しようとする。

3 題材の評価規準

知識・技能	思考・判断・表現	主体的に学習に取り組む態度
・日常生活と関連付け，用途に応じた食品（魚・野菜）の選択について理解しているとともに，適切にできる。 ・食品（魚）や調理用具等の安全と衛生に留意した管理について理解しているとともに，適切にできる。 ・材料（魚・野菜）に適した加熱調理の仕方（焼く・蒸す）について理解しているとともに，適切にできる。	ムニエルを主菜とする「絶品お魚ランチ」（１食分の調理）における食品の選択や調理の仕方，調理計画について問題を見いだして課題を設定し，解決策を構想し，実践を評価・改善し，考察したことを論理的に表現するなどして課題を解決する力を身に付けている。	よりよい生活の実現に向けて，ムニエルを主菜とする「絶品お魚ランチ」（１食分の調理）について，課題の解決に主体的に取り組んだり，振り返って改善したりして，生活を工夫し創造し，実践しようとしている。

4 指導と評価の計画（全8時間）

〔1〕ムニエルを主菜とした「絶品お魚ランチ」にチャレンジしよう ………………… 1時間

〔2〕ムニエルや蒸し野菜に適した食品の選び方や調理方法を習得しよう（本時3／8）

………… 3時間

〔3〕ムニエルを主菜とした「絶品お魚ランチ」を作ろう ……………………………… 4時間

★は指導に生かす評価

〔次〕時	○ねらい・学習活動　ICTの活用場面	評価の観点			評価規準〈評価方法〉
		知	思	主	
〔1〕1	○ムニエルを主菜とする「絶品お魚ランチ」における食品の選択や調理の仕方，調理計画について問題を見いだして課題を設定することができる。 ・「絶品お魚ランチ」のメニューを確認する。 　主食：パン　　主菜：ムニエル 　副菜：蒸し野菜　汁物：コーンスープ ・Sさんが作ったムニエルと蒸し野菜の調理について，「食品の選択」「調理の仕方」「調理計画」の視点からグループで話し合い，問題点を見いだす。 ・「絶品お魚ランチ」のムニエルと蒸し野菜の調理について，各自が課題を設定する。 　課題例　・食品の選択：魚や野菜の種類，選び方 　　　　　・調理の仕方：下処理，小麦粉のまぶし方，焼き方，蒸し器の扱い方 　　　　　・調理計画　：手順を考えた効率的な調理計画		①		〔思〕①「絶品お魚ランチ」における食品の選択や調理の仕方，調理計画について問題を見いだして課題を設定している。 〈ワークシート〉
〔2〕2	○用途に応じた食品（魚・野菜）の選択について理解し，適切に選択ができる。 ・魚や野菜の選び方について調べ，発表する。 ・用途に応じた魚や野菜の選び方とその理由をワークシートにまとめる。	①			〔知〕①用途に応じた食品（魚・野菜）の選択について理解しているとともに，適切にできる。 〈ワークシート〉
3本時	○食品や調理用具の安全で衛生的な取扱いやムニエルの調理の仕方を理解することができる。 ・ムニエルの調理動画を視聴し，なぜそのように調理するのか疑問点を発表する。 ・グループごとにムニエルの調理方法について実験し，食感や味，魚の表面の様子を比較する。 　①A塩をふる　　　　　B塩をふらない 　②A小麦粉をまぶす　　B小麦粉をまぶさない 　③A強火から弱火で焼く　B弱火のまま焼く ・1人1台端末を活用して，実験の結果を付箋に記入し，グループや全体で共有する。 ・ムニエルの作り方とその理由をワークシートにまとめる。 ・本時を振り返り，おいしいムニエルの作り方について分かったことを発表する。	② ③ ★		①	〔知〕②食品や調理用具等の安全と衛生に留意した管理について理解しているとともに，適切にできる。 〈行動観察〉 〔主〕①「絶品お魚ランチ」について，課題の解決に向けて主体的に取り組もうとしている。 〈行動観察〉 〔知〕③ムニエルの調理の仕方を理解しているとともに適切にできる。 〈ワークシート〉

時	学習活動			評価規準（評価方法）
4	○食品や調理用具の安全で衛生的な取扱いについて理解し，蒸し野菜を調理することができる。	②		〔知〕②食品や調理用具等の安全と衛生に留意した管理について理解しているとともに，適切にできる。〈行動観察〉
	・グループで野菜，いもを分担して「ゆでる」「蒸す」の調理を行い，比較する。 ・1人1台端末を活用し，結果をグループや全体で共有する。 ・ムニエルの付け合わせとして蒸し野菜を考え，発表する。	④ ★		〔知〕④蒸し野菜の調理の仕方について理解しているとともに，適切にできる。〈ワークシート〉〈行動観察〉
〔3〕 5	○「絶品お魚ランチ」の調理計画を考え，工夫することができる。 ・ランチ1食分の材料・分量を確認する。 ・効率的な手順を考え，調理計画を立てる。 ・グループで計画を発表し合い，もう一度調理計画を見直す。		② ②	〔思〕②「絶品お魚ランチ」における食品の選択や調理の仕方，調理計画について考え，工夫している。〈計画・実習記録表〉 〔主〕②「絶品お魚ランチ」について，課題解決に向けた一連の活動を振り返って改善しようとしている。〈ワークシート〉〈行動観察〉
6 ・ 7	○調理計画をもとに，「絶品お魚ランチ」のムニエルと付け合わせを調理することができる。 ・ランチ1食分のうち，ムニエル・付け合わせを調理する。 ・ペアで互いの分担を確認する。 ・ムニエルは，1人ずつ焼き，調理の過程を1人1台端末で撮影し合う。 ・野菜を蒸し器に入れて蒸す。 ・試食し，後片付けをする。	③ ④		〔知〕③ムニエルの調理の仕方について理解しているとともに，適切にできる。〈行動観察〉 〔知〕④蒸し野菜の調理の仕方について理解しているとともに，適切にできる。〈行動観察〉
8	○実習を振り返り，ムニエルを主菜とする「絶品お魚ランチ」を1人で調理するために調理計画を改善し，発表する。 ・撮影した動画を確認しながらグループで相互評価を行いアドバイスし合う。 ・1人で調理する場合，調理手順は適切であるか，調理計画を見直し，改善する。 ・改善した調理計画を発表する。 ・これまでの学習を振り返って感想をまとめ，家庭での実践に向けて見通しをもつ。	③ ④ ③		〔思〕③「絶品お魚ランチ」について，実践を評価したり，改善したりしている。〈計画・実践記録表〉 〔思〕④「絶品お魚ランチ」についての課題解決に向けた一連の活動について，考察したことを論理的に表現している。〈行動観察〉〈計画・実習記録表〉 〔主〕③「絶品お魚ランチ」について工夫し創造し，実践しようとしている。〈ワークシート〉

5 本時の展開（3／8時間）

(1)**小題材名**　ムニエルや蒸し野菜に適した食品の選び方や調理方法を習得しよう

(2)**ねらい**　食品や調理用具の安全で衛生的な取扱いやムニエルの調理の仕方を理解することができる。

⑶学習活動と評価

時間 (分)	学習活動 ICT の活用場面	・指導上の留意点 ■評価規準〈評価方法〉
3	1　本時の学習課題を確認する。	
	ムニエルの調理方法を習得しよう	
7	2　ムニエルの調理動画を視聴し，なぜ，そのように調理するのか，疑問点を発表する。 ・塩をふるのはなぜか。 ・小麦粉をまぶすのはなぜか。 ・はじめ強火で焼き，その後に火を弱めて焼くのはなぜか。	・動画から，ムニエルの作り方についてなぜそのようにするのか考えるよう促し，疑問点を確認する。
20	3　グループごとにムニエルの調理方法について実験し，食感や魚の表面の様子を比較する。 ①A塩をふる　　　B塩をふらない ②A小麦粉をまぶす　B小麦粉をまぶさない	・衛生面と安全面に十分注意して調理を進めるよう助言する。 ■知識・技能② 〈行動観察〉
8	4　1人1台端末を活用して，実験結果を付箋に記入し，グループと全体で共有する。	■主体的に学習に取り組む態度① 〈行動観察〉
7	5　ムニエルの作り方とその理由をワークシートにまとめる。	■知識・技能③ 〈ワークシート〉〈行動観察〉 ※指導に生かす評価
5	6　本時を振り返り，おいしいムニエルの作り方について分かったことを発表する。	

⑷学習評価のポイント

　本時の「知識・技能」の評価規準②については，ムニエルの調理実験をする場面において，行動観察から評価する。衛生面に気を付け，生の魚を扱った調理器具をすぐに洗ったり，熱源の周りを整頓し，安全に気を配って調理を行ったりしている場合を，「おおむね満足できる」状況（B）と判断した。その際，「努力を要する」状況（C）と判断される生徒に対しては，衛生面と安全面についての資料を確認するよう促す。

　「知識・技能」の評価規準③については，本時は「指導に生かす評価」とし，6・7時間目の評価を「記録に残す評価」として位置付けている。ムニエルの作り方について，なぜそのようにするのか，理由とともに記入できていない生徒には，調理実験の結果を再度確認させながら，個に応じて指導を工夫する。

　「主体的に学習に取り組む態度」の評価規準①については，ムニエルの調理方法を実験したり，結果をまとめたりする場面において，行動観察から評価する。例えば，ムニエルの正しい調理方法を習得しようと，実験に真剣に取り組んでいたり，観察したことをもとに作り方をまとめようとしたりしている場合を，「おおむね満足できる」状況（B）と判断した。

6 主体的・対話的で深い学びを実現する学習指導〈ICT活用〉の工夫

主 「絶品お魚ランチ」の課題を設定する場面で，1人1台端末を活用して「Ｓさんのムニエル
と蒸し野菜の調理」の事例を提示することにより，食品の選択や調理の仕方などについて，
各自が問題点を見いだして課題を設定することができるようにしている。このことにより，
課題解決に向けて見通しをもって主体的に学習活動に取り組めるようにする。

対 実習を振り返り，「絶品お魚ランチ」（1食分の調理）の調理計画を改善する場面で，1人1
台端末を活用し，撮影した動画を見ながらグループで相互評価を行う。時間や手順の改善点
をアドバイスし合うことで，考えを広げたり，深めたりする。

深 「絶品お魚ランチ」（1食分の調理）について課題を設定し，調理実験を取り入れながら調
理方法を習得し，計画を立てて実践し，評価・改善するという一連の学習活動の中で，「健
康・安全」の見方・考え方を働かせながら，課題解決に向けて自分の考えを構想したり，表
現したりすることができるようにする。

ICT（1人1台端末）の主な活用場面と活用のポイント

〈本時の場面における活用〉

●解決方法の検討と計画（第3時）

　ムニエルの調理方法を習得する場面において，1人1台端末を活用して，実験の結果を付箋
に記入し，グループや全体で共有する活動が考えられる。付箋の色を分けて実験の結果を比較
しやすくできるよさがある。全体で結果を発表し合い，共有することで，調理の仕方やなぜそ
のように調理するのか理由が明確になり，効果的である。

〈その他の場面における活用〉

●生活の課題発見（第1時）

　「絶品お魚ランチ」（1食分の調理）の課題設定の場面において，教師が作成した「Ｓさんの
ムニエルと蒸し野菜の調理」の事例を活用して問題点を見いだし，意見交流を行う活動が考え
られる。デジタル付箋に記入した問題点は，「食品の選択」，「調理の仕方」，「調理計画」で色
分けし，把握がしやすいようにしている。意見交流により，自分の考えを広げ，深めることが
できるため，見通しをもった課題設定につながり，効果的である。

●実践活動の評価・改善（第8時）

　「絶品お魚ランチ」（1食分の調理）の実習を振り返り，家庭で実践するための調理計画を改
善する場面において，調理動画をグループで共有し，相互評価を行い，改善点をアドバイスし
合う活動が考えられる。アドバイスをもとに，1人で実践する際の時間や手順を改善すること
で新たな課題をもち，見通しをもって家庭での実践に主体的に取り組むことができるようにな
り，効果的である。

ワークシート等の例［１人１台端末においても活用可能］

■ワークシートの一部（本時）

ムニエルの調理方法を習得しよう！

◆ムニエルの作り方動画を視聴して，なぜ，このように調理をするのか，疑問に思ったところに
下線を引きましょう。

①魚に塩こしょうをふり，10分おく。
②表面の水分をふき取る。
③小麦粉をまぶし，余分な小麦粉を落とす。
④はじめ強火で焼き，少しこげ色が付いたら火を弱めて２～３分焼く。
⑤裏返して表面と同じように焼く。

◆調理実験の結果から，ムニエルのおいしい作り方を理由とともにまとめよう。

ムニエルの作り方	その理由
〈下処理〉 １．魚に塩こしょうをふり，５～10分間くらいおく。 〈焼く準備〉 ２．魚の表面の水分をふき取り，小麦粉をまぶす。 〈焼く〉 ３．フライパンを熱して油を入れ，温度が高くなったら強火で焼き，こげ色が付いたら火を弱め，２～３分焼く。 ４．裏返してバターをのせ，表と同じように焼く。	・魚に塩をふると，水分が出て生臭さがとれ，身が締まっておいしくなる。 ・小麦粉は加熱によって魚のうま味を包み込む膜となり，香ばしさが増す。 ・初めに強火で焼き，表面のたんぱく質を固めることでうま味をにがさない。 ・火を弱めて焼くことで，中までしっかり火が通る。　知③

■１人１台端末活用の実際

◆ムニエルの調理実験結果の共有

①A 塩をふる（10分おく）

A 表面の様子	魚から水が出てきた	表面に水分がついた
味	塩味がしておいしい	身がしまっておいしい

②A 小麦粉をまぶして焼く

A 表面の様子	透明な膜におおわれている	薄い膜が包んでいる
食感	外はパリッと中は柔らかい	外は香ばしく中はジューシー

③A 強火→弱めて2～3分(両面)

A 表面の様子	焼き色がきれい	きれいについた
食感味	外はカリッと中はふんわりしておいしい	香ばしい中は柔らかくおいしい

①B 塩をふらない（10分おく）

B 表面の様子	変化なし	特に変わらない
味	魚臭くておいしくない	味がなくて水っぽい

②B 小麦粉をまぶさないで焼く

B 表面の様子	魚の表面が焼けている	表面が固くなっている
食感	ほぐれてパサパサ	Aより身がかたい

③B 弱火で焼く（両面）

B 表面の様子	色が薄い	なかなか焼きがつかない
食感味	身がしまった感じ	ジューシーさがない

（迎　寿美）

8 地域の食文化を未来につなげよう
～汁物・煮物の調理を通して～

B(3)ア(エ)イ

1 題材について

　この題材は，「B衣食住の生活」の(3)「日常食の調理と地域の食文化」アの(エ)及びイとの関連を図っている。家庭で調べてきた地域の食材を用いた汁物や煮物についての話し合いから，「富山の食文化を未来につなげよう」という課題を設定し，「生活文化の継承」の視点から考え，工夫する活動を通して，地域の食文化への理解を深めるとともに，地域の食材を用いた和食の調理に関する知識及び技能を身に付けるとともに，これからの生活を展望して，食生活の課題を解決する力や食生活を工夫し創造しようとする実践的な態度を育成することをねらいとしている。

2 題材の目標

(1)　地域の食文化，地域の食材を用いた和食の調理の仕方について理解しているとともに，適切にできる。

(2)　地域の食材を用いた和食の調理における食品の選択や調理の仕方，調理計画について問題を見いだして課題を設定し，解決策を構想し，実践を評価・改善し，考察したことを論理的に表現するなどして課題を解決する力を身に付ける。

(3)　家族や地域の人々と協働し，よりよい生活の実現に向けて，地域の食文化や地域の食材を用いた和食の調理について，課題の解決に主体的に取り組んだり，振り返って改善したりして，生活を工夫し創造し，実践しようとする。

3 題材の評価規準

知識・技能	思考・判断・表現	主体的に学習に取り組む態度
地域の食文化，地域の食材を用いた和食の調理の仕方について理解しているとともに，適切にできる。	地域の食材を用いた和食の調理における食品の選択や調理の仕方，調理計画について問題を見いだして課題を設定し，解決策を構想し，実践を評価・改善し，考察したことを論理的に表現するなどして課題を解決する力を身に付けている。	家族や地域の人々と協働し，よりよい生活の実現に向けて，地域の食文化や地域の食材を用いた和食の調理について，課題の解決に主体的に取り組んだり，振り返って改善したりして，生活を工夫し創造し，実践しようとしている。

4 指導と評価の計画（全6時間）

★は指導に生かす評価

〔次〕時	○ねらい ・学習活動　ICTの活用場面	評価の観点			評価規準〈評価方法〉
		知	思	主	
〔1〕1・2	○地域の食文化について理解することができる。 ・家庭で調べてきた地域の食材を用いた汁物や煮物について<u>画面共有し，大型提示装置で映して発表し合う</u>。 ○地域の食材を用いた和食の調理（汁物・煮物）における問題を見いだし，課題を設定することができる。 ・地域の食材（昆布，野菜，かまぼこ等）を用いた汁物（すまし汁）・煮物（いとこ煮）について課題を設定する。	①	①		[知] ①地域の食文化について理解している。 〈汁物・煮物レポート〉 [思] ①地域の食材を用いた和食の調理における食品の選択や調理の仕方，調理計画について問題を見いだして課題を設定している。 〈ワークシート（フィッシュボーン図）〉
〔2〕3	○地域の食材を用いた和食の調理の仕方（だし・汁物・煮物）を理解し，調理することができる。 ・<u>ゲストティーチャー（和食の伝承人）のインタビュー動画により和食調理の4つのポイント（健康，技，季節，食材），だし，すまし汁，いとこ煮の作り方について確認する。</u> ・煮干し，昆布，かつおぶしを用いてだしをとり，試飲し，その違いを発表する。 ・確認テストにより，汁物・煮物の調理の仕方を振り返る。	②★		①	[知] ②地域の食材を用いた和食の調理の仕方について理解しているとともに，適切にできる。 〈行動観察〉〈確認テスト〉 〈ワークシート（フィッシュボーン図）〉 [主] ①地域の食材を用いた和食の調理について，課題の解決に向けて主体的に取り組もうとしている。 〈行動観察〉
4本時	○地域の食材を用いた和食の調理における食品の選択や調理の仕方，調理計画について考え，工夫している。 ・和食の伝承人から教わった和食調理の4つのポイントを意識して，地域の食材（昆布，野菜等）を用いたすまし汁・いとこ煮の調理計画を考える。		②	②	[思] ②地域の食材を用いた和食の調理における食品の選択や調理の仕方，調理計画について考え，工夫している。 〈調理実習計画表〉 [主] ②地域の食材を用いた和食の調理について，課題解決に向けた一連の活動を振り返って改善しようとしている。 〈行動観察〉〈調理実習計画表〉
5	○地域の食材を用いた和食の調理の仕方を理解し，調理することができる。 ・調理計画に基づいてグループですまし汁，いとこ煮の実習をする。	②			[知] ②地域の食材を用いた和食の調理の仕方について理解しているとともに，適切にできる。 〈行動観察〉〈配膳の写真〉

	・配膳し，試食し，気付いたことを調理実習計画表に記入する。		
〔3〕6	○地域の食材を用いた和食の調理の実践について発表し，評価・改善することができる。 ・和食の調理を振り返り，振り返りシートに実践の結果をまとめる。 ・調理実習報告会で実践を発表し合う。 ・他のグループの発表を聞いて，参考になった点や改善点を振り返りシートに記入する。	④ ③	［思］④地域の食材を用いた和食の調理についての課題解決に向けた一連の活動について，考察したことを論理的に表現している。 〈振り返りシート〉 ［思］③地域の食材を用いた和食の調理について，実践を評価したり，改善したりしている。 〈振り返りシート〉
	・富山の食文化を未来につなげるためにできることを考え，家庭での実践に向けて見通しをもつ。	③	［主］③地域の食材を取り入れた和食の調理について工夫し，実践しようとしている。 〈振り返りシート〉

5 本時の展開 （4／6時間）

(1)**小題材名**　地域の食材で汁物・煮物を作ろう

(2)**ねらい**　地域の食材を用いた和食の調理（すまし汁・いとこ煮）における食品の選択や調理の仕方，調理計画について考え，工夫することができる。

(3)**学習活動と評価**

時間 （分）	学習活動 ICTの活用場面	・指導上の留意点 ■評価規準〈評価方法〉
5	1　思考ツール（フィッシュボーン図）を用いて和食の調理の4つのポイント（健康，技，季節，食材）を確認する。 2　本時の課題を確認する。	・和食の伝承人に教わった和食の調理の4つのポイント（健康，技，季節，食材）を思考ツール（フィッシュボーン図）で示し，課題を想起しやすくする。
	富山の食材で作る汁物・煮物の調理 ～和食の調理の4つのポイントを生かして，計画しよう～	
15	3　各自がすまし汁といとこ煮において取り入れたい工夫とその理由を，調理実習計画表に記入する。 【すまし汁】 ・健康：だし汁を使って塩分を控える。 ・技：すまし汁には昆布とかつおぶしを用いた一番だしを用いて，澄んだだしにする。 ・季節：旬の地元産のゆずを用いる。人参を紅葉の型を使って切ることで，季節感を出す。 ・食材：富山のうずまきかまぼこや地元産の小松菜を使う。 【いとこ煮】 ・健康：体を温めるごぼう，大根，人参，里芋	 〈ワークシート（フィッシュボーン図）〉 ・ワークシート（フィッシュボーン図）を参考にし

	等の根菜類をたくさん使う。	ながら，和食の調理の4つのポイントと結び付けて考えられるよう促す。
	・技：煮物には二番だしを用いる。根菜類は食べやすく，見栄えもよいように大きさを揃えてさいの目に切る。	・なぜその工夫を取り入れたいと考えたのか，理由を明確にして記入するよう助言する。
	・季節：秋が旬の根菜類を用いる。	**■思考・判断・表現②**
	・食材：里芋（上市），人参，大根（富山）等，地元産の食材を用いる。	〈調理実習計画表〉
15	4　すまし汁といとこ煮の調理の工夫点をグループで話し合い，デジタル付箋に記入する。	・和食の調理の4つのポイントと結び付けて考えられるよう，付箋を色分けする。
10	5　各グループで取り入れたい工夫を加筆し，調理実習計画表を完成させる。	・他のグループが作成したデジタル付箋の意見を参考にするよう促す。
5	6　本時の学習をまとめ，振り返る。	**■主体的に取り組む態度②** 〈調理実習計画表〉〈行動観察〉

⑷学習評価のポイント

　本時の「思考・判断・表現」の評価規準②については，地域の食材を用いた汁物・煮物の調理計画を工夫する場面において，調理実習計画表の記述内容から評価する。思考ツール（フィッシュボーン図）を用いて設定した「和食の調理の4つのポイント」から食品の選択や調理の仕方を考え，工夫している場合を，「おおむね満足できる」状況（B）と判断した。その際，「努力を要する」状況（C）と判断される生徒に対しては，和食の調理のポイントを確認し，食品の選択や調理の仕方について考えることができるよう支援する。また，なぜそのような工夫をするのか具体的に記入している場合を，「十分満足できる」状況（A）と判断した。

　「主体的に学習に取り組む態度」の評価規準②については，学習を振り返る場面において，調理実習計画表の記述内容及び行動観察から評価している。和食の調理のポイントから，工夫できているかを判断し，できていない場合は，他のグループを参考に，調理計画を工夫しようとしている場合を，「おおむね満足できる」状況（B）と判断した。

6 主体的・対話的で深い学びを実現する学習指導〈ICT活用〉の工夫

[主]生活の課題発見の場面で，1人1台端末を活用し，事前に各家庭で調べた地域の食材を用いた汁物，煮物の調理を紹介する。地元でよく食べられている食材，調理方法の違いや共通点に目を向け，身近な地域の食文化について理解することで，主体的に学習に取り組めるようにする。

[対]解決方法の検討と計画の場面で，1人1台端末を活用し，他のグループの発表を参考にしながら話し合い，調理計画を工夫したり改善したりできるようにする。その際，思考ツール（フィッシュボーン図）を活用することで，話合いの視点が明確になり，自らの考えを広げ深めることができるようにする。

[深]地域の食材を用いた和食の調理について課題を設定し，計画，実践，評価・改善という一連の学習活動の中で見方・考え方を働かせながら和食の調理方法や，地域の食文化について理

解を深め，「生活文化の継承」という概念の形成につなげるようにする。

 # ICT（1人1台端末）の主な活用場面と活用のポイント

〈本時の場面における活用〉

●解決方法の検討と計画（第4時）

　和食の調理の4つのポイント（健康，技，季節，食材）を取り入れて，地域の食材を用いたすまし汁・いとこ煮を作る方法を考え，工夫点をグループで話し合いながら1人1台端末のデジタル付箋に記入する。和食の調理の4つのポイントに合わせて付箋を色分けして記入することで，その工夫点がどのポイントとつながっているのかが一目瞭然である。また，全てのグループのシートが閲覧可能なため，他のグループの意見を参考にしながら作成することが可能である。

　1人1台端末の調理実習計画表に，各グループで取り入れたい工夫を加筆し，調理実習計画表を完成させる。これによって，グループが調理実習の際に大切にしたいポイントや工夫点が明確になる。

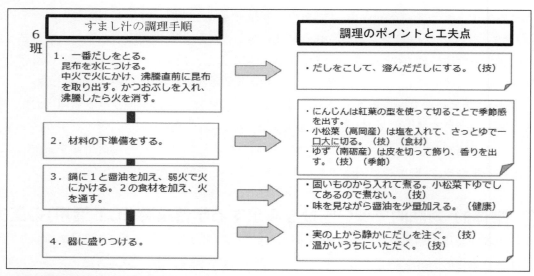

〈その他の場面における活用〉

●実践活動の評価・改善（第6時）

　調理実習後に，1人1台端末で撮影した写真を用いて，実習についてまとめ，発表する活動が考えられる。友達や教師からのコメントを保存し，その情報を共有することで，実践の評価・改善に生かすことができる。また，家庭での実践意欲を高める効果がある。

■調理実習計画表の一部（本時）

思②

地域の食材で汁物・煮物をつくろう

調理実習計画表（すまし汁・いとこ煮）

時間(分)	手順（分担）	工夫点	その理由	和食の調理4つのポイント
5	2　材料の下準備をする。 ☆小松菜（　） ☆かまぼこ（　）	・塩を入れてさっとゆでる。 ・人参を紅葉の型で抜く。	・色を鮮やかにするために塩を入れる。 ・秋らしい季節感を出すため。	健康・技 季節・食材
8	3　鍋に1と醤油を加え、弱火で火にかける。 2の食材を加え、火を通す。	・固い人参から入れて煮込む。小松菜は、煮込まず器に盛りつける。 ・醤油は最後に味を調整しながら入れる。	・人参はしっかり火を通す。小松菜はシャキシャキとした触感を残したいから。 ・醤油の香りを残すため、塩分を控えめにして醤油を入れすぎないようにするため。	健康・技 季節・食材

■1人1台端末活用の実際

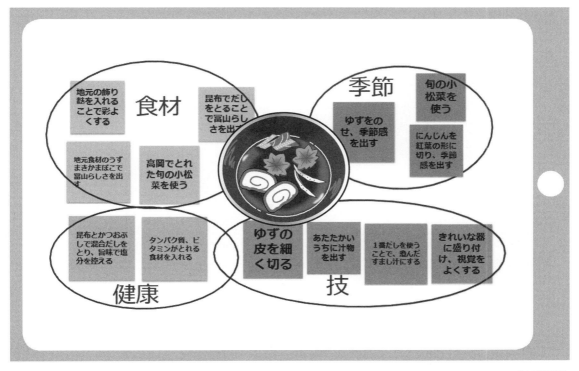

（山崎陽江）

9 健康・快適な生活を目指した衣服の選択や手入れの工夫

B(4)ア(ア)(イ)イ

1 題材について

この題材は，「B衣食住の生活」の(4)「衣服の選択と手入れ」アの(ア)，(イ)及びイとの関連を図っている。衣服の選択，日常着の手入れについて，「健康・快適な生活を送るために衣服の選択や手入れを工夫しよう」という課題を設定し，「健康・快適」の視点から考え，工夫する活動を通して，衣服の選択や日常着の手入れに関わる知識及び技能を身に付けるとともに，これからの生活を展望して，衣生活の課題を解決する力や衣生活を工夫し創造しようとする実践的な態度を育成することをねらいとしている。

2 題材の目標

(1)　衣服と社会生活との関わり，目的に応じた着用，個性を生かす着用，衣服の適切な選択，衣服の材料や状態に応じた日常着の手入れについて理解するとともに，それらに係る技能を身に付ける。

(2)　衣服の選択，材料や状態に応じた日常着の手入れの仕方について問題を見いだして課題を設定し，解決策を構想し，実践を評価・改善し，考察したことを論理的に表現するなどして課題を解決する力を身に付ける。

(3)　よりよい生活の実現に向けて，衣服の選択，材料や状態に応じた日常着の手入れの仕方について，課題の解決に主体的に取り組んだり，振り返って改善したりして，生活を工夫し創造し，実践しようとする。

3 題材の評価規準

知識・技能	思考・判断・表現	主体的に学習に取り組む態度
・衣服と社会生活との関わりが分かり，目的に応じた着用，個性を生かす着用及び衣服の適切な選択について理解している。 ・衣服の材料や状態に応じた日常着の手入れについて理解しているとともに，適切にできる。	衣服の選択，材料や状態に応じた日常着の手入れの仕方について問題を見いだして課題を設定し，解決策を構想し，実践を評価・改善し，考察したことを論理的に表現するなどして課題を解決する力を身に付けている。	よりよい生活の実現に向けて，衣服の選択，材料や状態に応じた日常着の手入れの仕方について，課題の解決に主体的に取り組んだり，振り返って改善したりして，生活を工夫し創造し，実践しようとしている。

4 指導と評価の計画（全8時間）

〔次〕時	○ねらい・学習活動　ICT の活用場面	評価の観点			評価規準〈評価方法〉
		知	思	主	
〔1〕1	○自分や家族が健康・快適な衣生活を送るために衣服の選択，日常着の手入れなどについて問題を見いだし，課題を設定することができる。 ・<u>現代の衣服事情や事前アンケートの結果を</u><u>もとに</u>，自分や家族の衣生活を振り返り，問題点について話し合う。 ・自分や家族が健康・快適な衣生活を送るための衣服の選択や手入れについて課題を設定する。		①		〔思〕①健康・快適な衣生活を送るために，衣服の選択，日常着の手入れなどについて問題を見いだして課題を設定している。 〈ワークシート〉
	健康・快適な生活を目指して衣服の選択や日常着の手入れを工夫しよう				
〔2〕2・3	○衣服と社会生活との関わり，目的に応じた着用，個性を生かす着用，衣服の適切な選択について理解するとともに，衣服の選択について考え，工夫することができる。 ・<u>結婚式，地域のお祭り，花火大会などで着</u><u>用する例を挙げ，衣服と社会生活との関わ</u><u>りについて考える。</u> ・衣服の保健衛生上や生活活動上の働きについて確認する。 ・<u>「友達とショッピングに行く」場面にふさ</u><u>わしい服装を考え，グループで話し合い，</u><u>発表する。</u> ・<u>組成表示や取扱い表示等，衣服の様々な表</u><u>示について調べる。</u> ・意見交流や調べたことをもとに，<u>再度各自</u><u>考えた服装を見直す。</u>	① ②	 ② ③	 ①	〔知〕①衣服と社会生活との関わりが分かり，目的に応じた着用，個性を生かす着用について理解している。 〈ワークシート〉〈ペーパーテスト〉 〔主〕①衣服の選択，材料や状態に応じた日常着の手入れの仕方について，課題の解決に主体的に取り組もうとしている。 〈ポートフォリオ〉〈ワークシート〉 〈行動観察〉 〔知〕②衣服の適切な選択について理解している。 〈ワークシート〉 〔思〕②衣服の選択について考え，工夫している。 〈ワークシート〉 〔思〕③衣服の選択について，実践を評価したり，改善したりしている。 〈ワークシート〉
〔3〕4・5	○衣服の材料や汚れに応じた日常着の洗濯について理解し，適切にできる。 ・洗剤や洗濯機について家庭で調べたことを発表する。 ・衣服の材料や洗剤の特性について調べる。 ・グループに分かれ，泥汚れ，襟汚れ，しょ	③			〔知〕③衣服の材料や汚れ方に応じた日常着の洗濯の仕方について理解しているとともに，適切にできる。 〈行動観察〉〈ワークシート〉

時	学習活動			評価規準・評価方法
	うゆのしみ等の洗濯の方法を調べ，試してみる。 ・全体で交流し，衣服の材料や汚れに応じた洗濯についてまとめる。 ○衣服の材料や状態に応じた日常着の洗濯の計画を考え，工夫することができる。 ・モデル家族の洗濯物と洗濯機の取扱いについて把握する。 ┌─────────────────┐ 【家族4人分の洗濯物】 ■泥汚れの靴下 ■部活で使用したTシャツ　■セーター ■ジーパン　■タオル ■襟汚れのワイシャツ　■エプロン ■すそのほつれそうなスカート ■ドレッシングのしみのついたシャツ └─────────────────┘ ・学習したことをもとに，モデル家族の洗濯計画について各自考える。	②		〔思〕②衣服の材料や汚れ方に応じた日常着の洗濯の仕方について考え，工夫している。 〈ワークシート〉
6 本 時	○衣服の材料や状態に応じた日常着の洗濯計画について考えたことをグループで発表し合い，評価・改善することができる。 ・各自が考えたモデル家族の洗濯計画をグループで発表し合い，アドバイスをする。 ・デジタル付箋でアドバイスを交換し，洗濯計画を改善する。 ・改善した計画をもとに，日常着の洗濯の仕方について考え，全体で交流する。	④ ③ ②		〔思〕④材料や汚れ方に応じた日常着の洗濯の仕方についての課題解決に向けた一連の活動について，考察したことを論理的に表現している。 〈スライド〉〈行動観察〉 〔思〕③材料や汚れ方に応じた日常着の洗濯の仕方について，実践を評価したり，改善したりしている。 〈洗濯計画〉 〔主〕②衣服の選択，材料や状態に応じた日常着の手入れの仕方について，課題解決に向けた一連の活動を振り返って改善しようとしている。 〈ポートフォリオ〉〈行動観察〉
7 ・ 8	○衣服の状態に応じた日常着の補修の仕方について理解し，適切にできる。 ・まつり縫いと小学校で学習した縫い方を比較し，まつり縫いの特徴についてグループで話し合ったり，動画を視聴し，縫い方を確認したりする。 ・1回目のまつり縫いを行い，2人1組で相互評価する。 ・2回目のまつり縫いに取り組む。 ・まつり縫いによる裾上げ，スナップ付けなどの補修について，その目的や布地に適した方法を考え，実践する。 ・衣服の選択や日常着の手入れの学習を振り返る。	④ ③		〔知〕④衣服の状態に応じた日常着の補修の仕方について理解しているとともに，適切にできる。 〈練習布〉〈確認テスト〉 〔主〕③よりよい衣生活の実現に向けて，衣服の選択，材料や状態に応じた日常着の手入れの仕方について工夫し創造し，実践しようとしている。 〈ポートフォリオ〉

5 本時の展開 （6／8時間）

(1)小題材名 日常着の手入れ

(2)ねらい 衣服の材料や状態に応じた日常着の洗濯の仕方について考えたことをグループで発表し合い，評価・改善することができる。

(3)学習活動と評価

時間 （分）	学習活動 ICT の活用場面	・指導上の留意点 ■評価規準〈評価方法〉
5	1　本時の学習課題を確認する。	・前時の学習について確認する。
	モデル家族の日常着の洗濯計画を交流し，よりよい計画に改善しよう	
15	2　各自が考えたモデル家族の洗濯計画をグループで発表し合い，アドバイスをする。 　【Aさんの計画】 　1点検・補修 　2仕分け 　　・ワイシャツ：えり汚れを手洗いしてから入れる。 　　・靴下：泥を落とし，石けんで手洗いしてから入れる。 　3洗濯機で洗濯 　4乾燥 　　・セーターは平干しにする。	・なぜそのような計画にしたのか，理由を明確にして発表するよう助言する。 ・前時までの学習内容はクラウド上に保存しておき，必要に応じて活用するよう助言する。 ■思考・判断・表現④ 〈スライド〉〈行動観察〉 ・改善の際は，端末上で洗濯物カードを移動し，黄色の付箋に赤で記入するよう助言する。
15	3　デジタル付箋でアドバイスを交換し，洗濯計画を改善する。	■思考・判断・表現③ 〈洗濯計画〉 ・これから衣服の材料や汚れに応じた洗濯の実践をどう進めていくか考え，根拠をもとに発表するよう助言する。
10	4　改善した計画をもとに，日常着の洗濯の仕方について考え，全体で交流する。	■主体的に学習に取り組む態度② 〈ポートフォリオ〉〈行動観察〉
5	5　本時の学習をまとめ，振り返る。	・今後の課題と実践に向けて，主体的に解決するよう意欲を高める。

(4)学習評価のポイント

　本時の「思考・判断・表現」の評価規準③については，前時に考えた洗濯計画を評価・改善する場面において，洗濯計画の記述内容から評価する。「健康・快適」の視点から，友達のアドバイスも参考に衣服の材料や状態に応じた洗濯の方法について改善点を考え，その理由を記述している場合を，「おおむね満足できる」状況（B）と判断した。その際，「努力を要する」状況（C）と判断される生徒に対しては，洗濯する日常着の汚れの種類や表示，洗剤の種類等を再確認させ，自分の計画の評価・改善について具体的に考えることができるようにする。

　「思考・判断・表現」の評価規準④については，モデル家族の洗濯計画を発表し合う場面に

おいて，スライドの記述内容及び発表の様子から評価する。衣服の材料や状態に応じた洗濯の仕方について発表している場合を，「おおむね満足できる」状況（B）と判断した。

「主体的に学習に取り組む態度」の評価規準②については，洗濯計画を評価・改善する場面において，ポートフォリオの記述内容及び行動観察から評価する。材料や状態に応じたモデル家族の洗濯計画について，課題解決に向けた一連の学習活動を振り返って適切に自己評価したり，よりよい方法を考えたりして，洗濯の実践に向けて取り組もうとしている場合を，「おおむね満足できる」状況（B）と判断した。

6 主体的・対話的で深い学びを実現する学習指導〈ICT 活用〉の工夫

主 課題設定の場面で，事前アンケートに1人1台端末を活用し，現代の衣生活を取り巻く環境や自分の衣生活についての問題点に気付くことにより，健康・快適な衣生活を送るための学習に見通しをもって主体的に学習に取り組めるようにする。

対 日常着の洗濯について課題を設定したり，その解決に向けて工夫したことを発表したりする場面で，1人1台端末を活用し，気付きや改善点を伝え，よりよい方法を話し合う活動を充実することにより，互いの考えを深めることができるようにする。

深 見本を参考に衣服の選択や手入れについて問題を見いだして課題を設定し，計画，実践，評価・改善という一連の学習活動の中で，「健康・快適」の見方・考え方を働かせながら，課題の解決に向けて自分の考えを構想したり，表現したりすることができるようにする。

ICT（1人1台端末）の主な活用場面と活用のポイント

〈本時の場面における活用〉

●実践活動の評価・改善（第6時）

　各自考えた洗濯計画を評価・改善する場面において，洗濯の手順（点検・仕分け・洗濯など）ごとに色分けしたデジタル付箋に気付きを記入する。グループ内でアドバイスし合うことにより，よりよい計画に向けて改善することができ，効果的である。また，洗濯物カードを端末の画面上で動かしたり，改善点は黄色の付箋に朱書きしたりすることで，容易に各自の洗濯の仕方を改善することができ，効果的である。

〈その他の場面における活用〉

●解決方法の検討と計画（第3時）

　「友達とショッピングに行く」場面にふさわしい服装を各自考える場面において，自分自身の顔を撮影し，そこに，ウェブ上のフリー素材やクラウド上に保存してある衣服や小物を貼付しながら編集していくことで，自分に似合うコーディネートを容易に作成できる。ワークシートでの作成より衣服の色の変更や修正が容易なため，具体的なイメージをもつことができるとともに，主体的に取り組むことができ，効果的である。

ワークシート等の例 ［1人1台端末においても活用可能］

■洗濯計画の一部（本時）

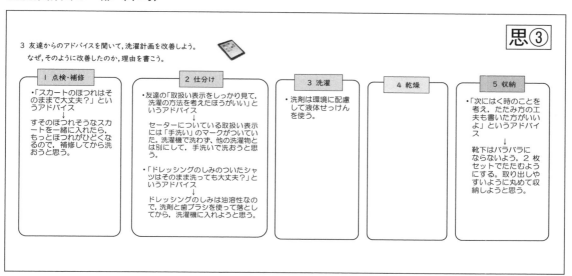

■1人1台端末活用の実際

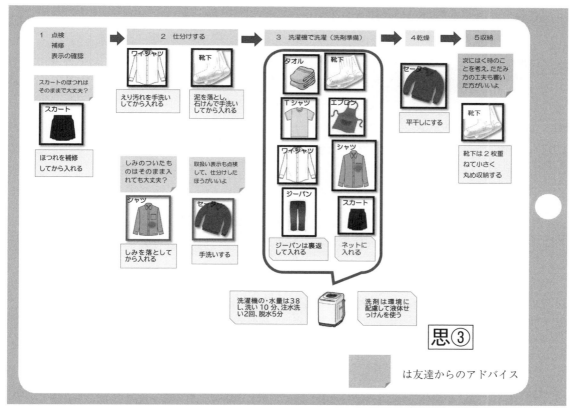

（西浦里絵）

B 衣食住の生活

10 衣服等の再利用で サスティナブルライフ

B(4)ア(イ), (5)アイ

1 題材について

　この題材は,「B衣食住の生活」の(4)「衣服の選択と手入れ」のアの(イ)と, (5)「生活を豊かにするための布を用いた製作」ア及びイとの関連を図っている。衣服等の再利用について課題を設定し,「快適・安全」,「持続可能な社会の構築」の視点から,豊かな衣生活に向けて考え,工夫する活動を通して,衣服の計画的な活用,製作に関する知識及び技能を身に付けるとともに,これからの生活を展望して,衣生活の課題を解決する力や衣生活を工夫し創造しようとする実践的な態度を育成することをねらいとしている。

2 題材の目標

(1) 衣服の計画的な活用の必要性,製作する物に適した材料や縫い方,用具の安全な取扱いについて理解するとともに,それらに係わる技能を身に付ける。

(2) 資源や環境に配慮し,生活を豊かにするための布を用いた製作計画や製作(衣服等の再利用)について問題を見いだして課題を設定し,解決策を構想し,実践を評価・改善し,考察したことを論理的に表現するなどして課題を解決する力を身に付ける。

(3) よりよい生活の実現に向けて,生活を豊かにするための布を用いた製作(衣服等の再利用)について,課題の解決に主体的に取り組んだり,振り返って改善したりして,生活を工夫し創造し,実践しようとする。

3 題材の評価規準

知識・技能	思考・判断・表現	主体的に学習に取り組む態度
・衣服の計画的な活用の必要性について理解している。 ・製作する物に適した材料や縫い方について理解しているとともに,用具を安全に取り扱い,製作が適切にできる。	資源や環境に配慮し,生活を豊かにするための布を用いた製作計画や製作(衣服等の再利用)について問題を見いだして課題を設定し,解決策を構想し,実践を評価・改善し,考察したことを論理的に表現するなどをして課題を解決する力を身に付けている。	よりよい生活の実現に向けて,生活を豊かにするための布を用いた製作(衣服等の再利用)について,課題の解決に主体的に取り組んだり,振り返って改善したりして,生活を工夫し創造し,実践しようとしている。

4 指導と評価の計画（全9時間）

〔1〕資源や環境に配慮した衣服の計画的な活用について考えよう ………………… 1時間
〔2〕衣服等の再利用でサスティナブルライフを工夫しよう（本時9／9）………… 8時間

★は指導に生かす評価

〔次〕時	○ねらい ・学習活動　ICTの活用場面	評価の観点 知	思	主	評価規準〈評価方法〉
〔1〕 1	○衣服の計画的な活用の必要性について理解することができる。 ・手持ちの衣服を点検し，衣服の過不足や処分について気付いたことを話し合う。 ・<u>衣服の入手から処分までの流れにおいて資源や環境に配慮した取組についてインターネットで調べる。</u> ・計画的な衣服の活用について話し合う。	①			〔知〕①衣服の計画的な活用の必要性について理解している。 〈ワークシート〉〈ペーパーテスト〉
〔2〕 2	○自分や家族の生活を豊かにするための衣服等の再利用について問題を見いだし，課題を設定することができる。 ・衣服等の廃棄の現状を把握する。 ・衣服等の再利用の製作計画の条件を確認する。 ・<u>生活を豊かにするための布を用いた物（衣服等の再利用）の製作について課題を設定し，デジタルワークシートに記入する。</u> 〈課題例〉 ・長く使うために丈夫な縫い方は？ ・衣服を無駄なく再利用する方法は？		①	①	〔思〕①自分や家族の衣服等の再利用について，問題を見いだして課題を設定している。 〈ワークシート〉〈行動観察〉 〔主〕①衣服等の再利用の製作計画や製作について，課題の解決に主体的に取り組もうとしている。 〈ポートフォリオ〉〈行動観察〉
3	○製作する物に適した材料や縫い方，用具の安全な取扱いについて理解することができる。 ・ゲストティーチャーから，衣服等の再利用の方法について聞く。 ・<u>作品ごとのグループで，再利用する衣服の布地に適した裁断の仕方や縫い方について話し合い，見本や動画，資料等で確認する。</u> ・トートバック　・ファスナーポーチ ・巾着袋　　　　・ティッシュケース	② ★			〔知〕②製作する物に適した材料や縫い方について理解しているとともに，用具を安全に取り扱い，適切に製作ができる。 〈行動観察〉〈確認テスト〉
4	○衣服等を再利用し，自分や家族の生活を豊かにする物の製作計画について考え，工夫することができる。 ・<u>再利用する衣服等の素材や特徴を生かして，自分や家族の生活を豊かにする物の製作計画（デジタル版）を立てる。</u>		②	②	〔思〕②衣服等の再利用の製作計画について考え，工夫している。 〈製作計画〉〈行動観察〉 〔主〕②衣服等の再利用の製作計画や製作について，課題解決に向けた一連の行動を振り返って改善し

時間	学習活動				評価規準〈評価方法〉
	〈例〉・ブラウスとTシャツの生地を生かして丈夫なトートバックを作る。 ・作品ごとのグループで，発表し合う。 　・トートバック　・ファスナーポーチ 　・巾着袋　　　　・ティッシュケースなど ・友達やゲストティーチャーのアドバイスをもとに，製作計画を見直す。				ようとしている。 〈ポートフォリオ〉〈行動観察〉
5・6・7・8	○用具を安全に取扱い，自分や家族の生活を豊かにする物（衣服等の再利用）を製作することができる。 ・計画に沿って製作する。 ・つまずいたときは，作品例や参考資料，ゲストティーチャーからのアドバイスを参考にしたり，クラウド上の動画等で製作方法を確認する。 ・製作過程を記録（1人1台端末）する。	②			〔知〕②製作する物に適した材料や縫い方について理解しているとともに，用具を安全に取り扱い，適切に製作ができる。 〈再利用作品〉〈行動観察〉
9 本時	○完成した再利用作品について発表し合い，評価・改善することができる。 ・製作を振り返り，製作記録をスライドにまとめる。 ・作品ごとのグループで，完成した再利用作品について発表し合う。 〈実践例〉 　・Gパン→トートバック 　・Tシャツ→ファスナーポーチ 　・トレーナー→ティッシュケース 　・ワンピース→巾着袋 　・デニムシャツ→ペットボトルフォルダー ・他の生徒の発表やゲストイーテャーの話を参考に，自分の製作について，評価し，改善する。	④ ③ ③			〔思〕④自分や家族の衣服等の再利用についての課題解決に向けた一連の活動について，考察したことを論理的に表現している。 〈製作記録（スライド）〉〈行動観察〉 〔思〕③衣服等を再利用した製作について，実践を評価したり，改善したりしている。 〈ワークシート〉 〔主〕③よりよい衣生活の実現に向けて，衣服等の再利用の製作計画や製作について工夫し創造し，実践しようとしている。 〈ワークシート〉〈ポートフォリオ〉

5 本時の展開 （9／9時間）

(1)小題材名　衣服等の再利用でサスティナブルライフを工夫しよう

(2)ねらい　完成した再利用作品について発表し合い，評価・改善することができる。

(3)学習活動と評価

時間 （分）	学習活動 ICTの活用場面	・指導上の留意点 ■評価規準〈評価方法〉
5	1　学習課題を確認する。	・学習の進め方を確認し，見通しをもたせる。
	再利用作品の製作を振り返り，評価・改善しよう	
10	2　再利用作品の製作を振り返り，製作記録を	・事前に製作記録を整理させておく。

15	スライドにまとめ，発表の準備をする。 3　作品ごとのグループで，発表し合う。 ┌─────────────────────────┐ (例) Before (ワンピース) → After (巾着袋) 目的：自分の部屋の小物を整理する。 工夫：ワンピースのフリルが生かせるように 　　　裁断する。 成果：衣服のデザインを生かして裁断できた。 　　　袋口は三つ折り縫いがきれいにできた。 課題：縫い代の始末がきれいにできなかった。 　　　衣服を無駄なく再利用できなかった。 └─────────────────────────┘ ・発表後，ゲストティーチャーの話を聞く。	・形や大きさが目的に合っているか，製作の手順や 衣服の利用の仕方，縫い方が適切であるかなどに ついて，デジタル付箋にアドバイスを記入するよ うに指示する。 **■思考・判断・表現④** 〈製作記録（スライド）〉〈行動観察〉
10	4　衣服等の再利用の製作を評価したり，改善 　したりする。 ・他の生徒の発表やゲストティーチャーの話を 　参考に改善する。 ・改善点を交流する。	・他のグループの発表や作品も紹介し，改善の参考 にするよう助言する。 **■思考・判断・表現③** 〈ワークシート〉
10	5　生活を豊かにするために衣服等の再利用に 　ついて，自分にできることを考え，新たな課 　題をまとめる。	・製作を通して，成就感を味わわせ，資源や環境に 配慮した衣生活を主体的に取り組もうとする意欲 を高める。 **■主体的に学習に取り組む態度③** 〈ワークシート〉〈ポートフォリオ〉

(4)学習評価のポイント

　本時の「思考・判断・表現」の評価規準④については，再利用作品について発表する場面において，製作記録（スライド）や発表の様子から評価する。再利用作品の製作過程をまとめ，製作の目的を明確にして，筋道を立てて説明している場合を，「おおむね満足できる」状況（B）と判断した。その際，「努力を要する」状況（C）と判断される生徒に対しては，他の生徒の発表を参考にするよう促したり，製作記録を再度確認してまとめたりするなどして，具体的な発表ができるようにする。

　「思考・判断・表現」の評価規準③については，再利用作品の製作を振り返る場面において，ワークシートの記述内容から評価する。他の生徒の意見やゲストティーチャーの話を参考に改善点を適切に記入している場合を，「おおむね満足できる」状況（B）と判断した。その際，「努力を要する」状況（C）と判断される生徒に対しては，他の生徒の発表や作品を参考にするよう助言する。

　「主体的に学習に取り組む態度」の評価規準③については，再利用作品の製作を振り返る場面において，ワークシートやポートフォリオから評価する。製作を振り返って，衣服等の再利用について新たな課題を見付け，次の実践に取り組もうとする記述をしている場合を，「おおむね満足できる」状況（B）と判断した。

6 主体的・対話的で深い学びを実現する学習指導〈ICT活用〉の工夫

主 解決方法の検討と計画の場面で，1人1台端末を活用し，製作の目的を明確にして，衣服等の再利用の方法や布を無駄なく使う方法について調べ，製作計画を立てることにより，学習の見通しをもって主体的に製作に取り組めるようにする。

対 製作計画や製作の振り返りの場面で，1人1台端末を活用し，工夫や改善点を伝えたり，互いにアドバイスしたりする活動を充実することにより，衣服等の再利用についての考えを深めることができるようにする。

深 衣服等の再利用について問題を見いだして課題を設定し，自分や家族の生活を豊かにする物の製作計画を立てて製作する一連の学習活動の中で，「快適・安全」や「持続可能な社会の構築」の見方・考え方を働かせながら，課題解決に向けて自分の考えを構想したり，表現したりすることができるようにする。

ICT（1人1台端末）の主な活用場面と活用のポイント

〈本時の場面における活用〉

●実践活動の評価・改善（第9時）

製作の振り返りや発表の場面において，プレゼンテーション機能を活用して，写真や図などを取り入れて再利用作品の製作過程をスライドにまとめることにより，友達の実践の様子をイメージしやすくなる。また，グループで実践交流したり，他のグループの発表を全体で共有したりする際，デジタル付箋でコメントを送付することで，意見交流を効果的に行うことができる。デジタル付箋は，各自の色を決めてコメントを添付し，グループで互いのコメントを共有することで，新たな気付きを改善に生かすことができるよさがある。

〈その他の場面における活用〉

●課題解決方法の検討と計画（第2〜4時）

製作計画を工夫する場面において，インターネットを活用して，衣服等の再利用の方法や布を無駄なく使う方法，目的に応じた縫い方や製作方法などついて調べる活動が考えられる。作品ごとにグループで意見交流して多角的に検討することにより，製作の目的に合った具体的な製作計画（デジタル版）を立てることができる。

●課題解決に向けた実践活動（第5〜8時）

再利用作品を製作する場面において，縫い方が分からない場合にクラウド上にあらかじめ準備した動画で確認する活動が考えられる。動画は，手の動きや手元を拡大して縫い方を繰り返し確認できるよさがある。また，製作の様子の写真を撮影する活動が考えられる。撮影した写真は，これまでの製作を振り返る際や製作の記録を作成するときに活用できる。書くことが苦手な生徒にとっても，写真を用いて製作の記録を自分なりに工夫して作成することができる。

■「実践発表会」ワークシートの一部（本時）

衣服等の再利用でサスティナブルライフを工夫しよう

Ⅰ. 衣服等を再利用した製作について振り返ろう。

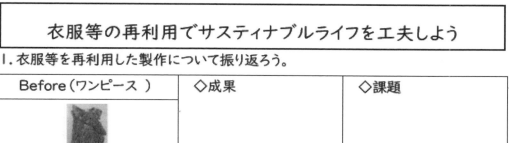

Before（ワンピース ）	◇成果	◇課題
After（ 巾着袋 ）	◇改善点 思③ ・布端がほつれないようにかがり縫いをする。 ・ワンピースの余った布でパジャマ袋を作る。	

■１人１台端末活用の実際

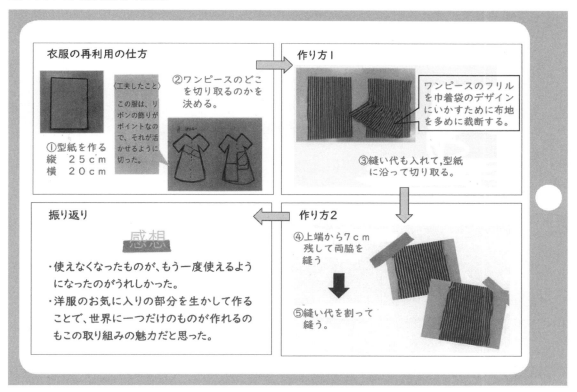

衣服の再利用の仕方

〈工夫したこと〉
この服は、リボンの飾りがポイントなので、それが活かせるように切った。

①型紙を作る
縦　２５ｃｍ
横　２０ｃｍ

②ワンピースのどこを切り取るのかを決める。

作り方１

ワンピースのフリルを巾着袋のデザインにいかすために布地を多めに裁断する。

③縫い代も入れて,型紙に沿って切り取る。

作り方２

④上端から７ｃｍ残して両脇を縫う

⑤縫い代を割って縫う。

振り返り

感想

・使えなくなったものが、もう一度使えるようになったのがうれしかった。
・洋服のお気に入りの部分を生かして作ることで、世界に一つだけのものが作れるのもこの取り組みの魅力だと思った。

（大野敦子）

B 衣食住の生活

11 家族の安全を考えた 住空間の整え方を工夫しよう

B(6)ア(ア)(イ)イ

1 題材について

　この題材は，「B衣食住の生活」の(6)「住居の機能と安全な住まい方」アの(ア)，(イ)及びイとの関連を図っている。「家族の安全を考えた住空間の整え方を工夫しよう」という題材を設定し，「安全」，「生活文化の継承」の視点から考え，工夫する活動を通して，家族の生活と住空間の関わり，住居の基本的な機能，家族の安全を考えた住空間の整え方に関する知識を身に付けるとともに，これからの生活を展望して，住生活の課題を解決する力や住生活を工夫し創造しようとする実践的な態度を育成することをねらいとしている。

2 題材の目標

(1)　家族の生活と住空間との関わり，住居の基本的な機能，家庭内の事故の防ぎ方など家族の安全を考えた住空間の整え方について理解する。

(2)　家庭内の事故や自然災害における家族の安全を考えた住空間の整え方について問題を見いだして課題を設定し，解決策を構想し，実践を評価・改善し，考察したことを論理的に表現するなどして課題を解決する力を身に付ける。

(3)　家族や地域の人々と協働し，よりよい生活の実現に向けて，住居の機能と安全な住まい方について，課題の解決に主体的に取り組んだり，振り返って改善したりして，生活を工夫し創造し，実践しようとする。

3 題材の評価規準

知識・技能	思考・判断・表現	主体的に学習に取り組む態度
・家族の生活と住空間との関わりが分かり，住居の基本的な機能について理解している。 ・家庭内の事故の防ぎ方など家族の安全を考えた住空間の整え方について理解している。	家庭内の事故や自然災害における家族の安全を考えた住空間の整え方について問題を見いだして課題を設定し，解決策を構想し，実践を評価・改善し，考察したことを論理的に表現するなどして課題を解決する力を身に付けている。	家族や地域の人々と協働し，よりよい生活の実現に向けて，住居の機能と安全な住まい方について，課題の解決に主体的に取り組んだり，振り返って改善したりして，生活を工夫し創造し，実践しようとしている。

4 指導と評価の計画（全8時間）

〔1〕家族の生活と住空間との関わりについて考えよう ……………………………… 2時間
〔2〕家族の安全を考えて住空間を整えよう（本時4／8）……………………………… 6時間

〔次〕時	○ねらい・学習活動　ICTの活用場面	評価の観点 知	思	主	評価規準〈評価方法〉
〔1〕1・2	○家族の生活と住空間との関わりが分かり，住居の基本的な機能について理解することができる。 ・簡単な図などを活用し，モデル家族（Ａ家）の生活行為がどのような住空間で行われているか，話し合う。 ・和式と洋式の住空間の使い方で気付いたことを話し合う。 ・住居の基本的な機能について考え，グループで交流し，全体で発表し合う。	① ②			〔知〕①家族の生活と住空間との関りについて理解している。 〈ワークシート〉 〔知〕②住居の基本的な機能について理解している。 〈ワークシート〉
〔2〕3	○家族の安全を考えた住空間の整え方について問題を見いだし，課題を設定することができる。 ・モデル家族（幼児や高齢者を含むＡ家）の住空間について，危険な箇所を図に記述したり，グループ内で話し合ったりする。 ・安全で快適な住空間について話し合い，題材の見通しをもつ。 ・家族の安全を考えた住空間の整え方について課題を設定する。		①		〔思〕①家族の安全を考えた住空間の整え方について問題を見いだして課題を設定している。 〈ワークシート〉
4本時	○家庭内の事故の防ぎ方など，家族の安全を考えた住空間の整え方について理解することができる。 ・絵本『ヒヤリハットさんちへいってみよう！』の一場面で事故につながる危険な箇所を見付け，その要因を考える。 ・グループで「幼児」と「高齢者」に分かれて考えをまとめたり，話し合ったりし，考えを発表し合う。	③		①	〔知〕③家庭内の事故の防ぎ方など，家族の安全を考えた住空間の整え方について理解している。 〈ワークシート〉 〔主〕①家族の安全を考えた住空間の整え方について，課題の解決に向けて主体的に取り組もうとしている。 〈ポートフォリオ〉〈行動観察〉
5	○自然災害に備え，家族の安全を考えた住空間の整え方を理解することができる。 ・地震のときの部屋の様子に関する動画を見て，地震への備えを考え，話し合う。 ・防災・減災の視点で部屋の家具を配置し，	④			〔知〕④自然災害に備えた安全を考えた住空間の整え方について理解している。 〈ワークシート〉

時間	学習活動			評価規準〈評価方法〉
	考えを発表し合う。			
6	○家族の安全を考えた住空間の整え方について考え，工夫することができる。 ・モデル家族（A家）の「家庭内の事故」や「自然災害」が発生した場合について，グループで「幼児」と「高齢者」の視点から住空間の整え方について話し合う。 ・「自然災害（地震）」について，シミュレーションにより具体的な解決策を考える。		②	〔思〕②家庭内の事故や自然災害における家族の安全を考えた住空間の整え方について考え，工夫している。 〈ワークシート〉〈行動観察〉
			②	〔主〕②家族の安全を考えた住空間の整え方について，課題解決に向けた一連の活動を振り返って改善しようとしている。 〈ポートフォリオ〉〈行動観察〉
7・8	○家族の安全を考えた住空間の整え方について，解決策等を評価したり，改善したりすることができる。 ・「家庭内の事故」や「自然災害」が発生した場合について，「幼児」と「高齢者」の視点から住空間の整え方について発表し合う。 ・発表に対して，質問や意見を交換し，グループごとに新たな気付きを整理したり，解決策を改善したりする。		④	〔思〕④家庭内の事故や自然災害における家族の安全を考えた住空間の整え方の課題解決に向けた一連の活動について，考察したことを筋道を立てて説明したり発表したりしている。 〈ワークシート〉
			③	〔思〕③家庭内の事故や自然災害における家族の安全を考えた住空間の整え方について，報告を評価したり，改善したりしている。 〈ワークシート〉〈行動観察〉
			③	〔主〕③家族の安全を考えた住空間の整え方について工夫し創造し，実践しようとしている。 〈ポートフォリオ〉〈行動観察〉

※各自の実践については，B(7)「衣食住の生活についての課題と実践」で取り組むことが考えられる。

5 本時の展開（4／8時間）

(1)**小題材名**　家族の安全を考えて住空間を整えよう

(2)**ねらい**　家庭内の事故の防ぎ方など家族の安全を考えた住空間の整え方について理解することができる。

(3)**学習活動と評価**

時間 （分）	学習活動 ICTの活用場面	・指導上の留意点 ■評価規準〈評価方法〉
5	1　普段の生活における住空間の危険な箇所について発表し合う。 2　本時の学習課題を確認する。	・家庭内の事故について事前に家族にインタビューし，家族の安全を考えた住生活の整え方への関心を高める。

		・家庭内の事故が命を落とす事故につながる事例を示し，家族の安全を考えた住空間を整えることの必要性に気付くようにする。

家族の安全を考えた住空間の整え方を考えよう

10	3　絵本『ヒヤリハットさんちへいってみよう！』の一場面で事故につながる危険な箇所を各自で見付け，その要因を考える。	・ヒヤリハット家の家族を紹介し，幼児の身長や体型，興味・関心，高齢者の身体機能の低下等と結び付けて考えることが大切であることに気付くようにする。

	危険な箇所	理由
浴室	・床がぬれているため，幼児がすべって転ぶ。	・幼児の頭が大きいため，バランスを崩しやすいから。

10	4　家庭内の事故の防ぎ方について，グループで「幼児」と「高齢者」に分かれて考えをまとめたり，話し合ったりする。	■知識・技能③〈ワークシート〉
20	5　家庭内の事故の防ぎ方についてグループごとで発表する。	
5	6　本時の学習をまとめ，振り返る。	■主体的に学習に取り組む態度①〈ポートフォリオ〉〈行動観察〉・幼児や高齢者にとって安全な家は，全ての家族にとって安全な家であることに気付かせる。

⑷学習評価のポイント

　本時の「知識・技能」の評価規準③については，家庭内の事故の防ぎ方をまとめる場面において，ワークシートの記述内容から評価する。危険な箇所について幼児や高齢者の身体的特徴等を踏まえ，家庭内の事故の防ぎ方についてまとめている場合を，「おおむね満足できる」状況（B）と判断した。その際，「努力を要する」状況（C）と判断される生徒に対しては，幼児や高齢者の身体的特徴や行動特性などを確認したり，他の生徒の発表を参考にしたりして具体的な方法を考えられるよう助言する。

　「主体的に学習に取り組む態度」の評価規準①については，学習を振り返る場面において，ポートフォリオの記述内容や行動観察から評価する。家庭内の事故の防ぎ方について他の生徒に聞いたり，調べたりするなど，粘り強く探ろうとする様子が見られる場合を，「おおむね満足できる」状況（B）とした。

6　主体的・対話的で深い学びを実現する学習指導〈ICT 活用〉の工夫

主課題設定の場面で，１人１台端末を活用し，モデル家族（幼児や高齢者を含むA家）の住空間を提示することにより，家庭の事故について具体的なイメージをもつことができ，課題を明確にして，主体的に課題の解決に取り組むことができるようにする。

対解決の検討と計画の場面で，1人1台端末を活用し，デジタル付箋を用いてグループで交流する活動を充実することにより，安全を考えた住空間の整え方について互いの考えを深めることができるようにする。

深モデル家族の幼児や高齢者の家庭内の事故や自然災害への備えについて課題を設定し，計画，実践，評価・改善という一連の学習活動の中で，「安全」の見方・考え方を働かせながら，課題の解決に向けて自分の考えを構築したり，表現したりすることによって，「安全」という概念の形成につなげるようにする。

ICT（1人1台端末）の主な活用場面と活用のポイント

〈本時の場面における活用〉

●解決方法の検討と計画（第4時）

　家庭内の事故の防ぎ方を考える場面において，絵本『ヒヤリハットさんちへいってみよう！』を1人1台端末で見ることで，住空間を具体的にイメージすることができる。細部まで拡大して確認するため，危険個所を見付けることができる。同じ絵に「要因」と「家庭内の事故の防ぎ方」を色分けしてデジタル付箋を貼り付けることにより，考えを広げ深める活動が考えられる。また，即時に他の生徒と意見を共有したり，他のグループの意見を確認したりできるよさもある。さらに，発表の場面では，デジタル付箋の記述内容をもとに自分の考えを明確にして発表することができ，効果的である。

〈その他の場面における活用〉

●解決方法の検討と計画（第5時）

　自然災害（地震）に備えた住空間の整え方について考える場面で，1人1台端末を活用し，地震の動画から，危険な箇所を見付けだし，住空間の整え方を検討する活動などが考えられる。動画は，繰り返し閲覧することができるよさがある。また，家具のカードを活用することにより，家具の置き場所や家具を倒れにくくする方法などを具体的に考えることができる。さらに，各自の考えを共有し，感想を送り合うことで，意見交流が活発になり効果的である。

●解決方法の検討と計画（第6時）

　家族の安全を考えた住空間の整え方について考え，工夫する場面で，グループで「幼児」と「高齢者」の視点から各自が意見をデジタル付箋に入力し，整理することにより，意見交流が活発になり，互いの考えを深めることができる。また，自然災害（地震）による家具の転倒や落下，移動などについてシミュレーションすることにより，具体的な改善等を検討することができ，効果的である。

■ワークシートの一部（本時）

1　家庭内事故の危険な箇所と理由、防ぎ方を考えよう

＜　幼児　＞

知③

（●は友達の考え）

	危険な箇所	理由	防ぎ方
浴室	・床がぬれているため、幼児がすべって転ぶ。	・幼児の頭が大きいため、バランスを崩しやすいから。	・床に滑り止めマットを敷く。 ●浴槽にふたをする。 ●チャイルドロックをする。
台所	・幼児が炊飯器をさわってやけどする。	・幼児は何にでも興味をもってさわってしまうから。	・幼児の手の届くところに炊飯器等の危険な物を置かない。 ●幼児が入らないように台所の入り口に柵をする。
子ども部屋	・幼児がはさみを使ってけがをする。	・幼児は好奇心旺盛なため、はさみを使ってしまうから。	・はさみは鍵のかかるところに収納するか、手の届かないところに片付けておく。

■1人1台端末活用の実際

出典：『ヒヤリハットさんちへいってみよう！』青山邦彦，ミサワホーム総合研究所発行

（中村奈緒美）

B　衣食住の生活

12 我が家の食品管理大作戦
～食品の選択から調理まで～

B(7)ア

1 題材について

　本題材は，「Ｂ衣食住の生活」の(3)「日常食の調理と地域の食文化」のア(ア)用途に応じた食品の選択，(イ)食品の安全と衛生に留意した管理，(ウ)基礎的な日常食の調理の学習を基礎とし，「Ｃ消費生活・環境」の(2)「消費者の権利と責任」との関連を図ったB(7)「衣食住の生活についての課題と実践（食生活）」の題材である。食生活の中から問題を見いだして「我が家の食品管理大作戦に取り組もう」という課題を設定し，「安全」，「持続可能な社会の構築」の視点から考え，計画を立てて実践した結果を，評価・改善し，考察したことを論理的に表現するなどの学習を通して，課題を解決する力や生活を工夫し創造しようとする実践的な態度を育成することをねらいとしている。

2 題材の目標

(1)　「我が家の食品管理大作戦」に向けて，食生活の中から問題を見いだして課題を設定し，解決策を構想し，計画を立てて実践した結果を評価・改善し，考察したことを論理的に表現するなどして課題を解決する力を身に付ける。

(2)　家族や地域の人々と協働し，よりよい生活の実現に向けて，「我が家の食品管理大作戦」について，課題の解決に主体的に取り組んだり，振り返って改善したりして，生活を工夫し創造し，家庭や地域で実践しようとする。

3 題材の評価規準

知識・技能	思考・判断・表現	主体的に学習に取り組む態度
	「我が家の食品管理大作戦」に向けて，食生活の中から問題を見いだして課題を設定し，解決策を構想し，計画を立てて実践した結果を評価・改善し，考察したことを論理的に表現するなどして課題を解決する力を身に付けている。	家族や地域の人々と協働し，よりよい生活の実現に向けて，「我が家の食品管理大作戦」について，課題の解決に主体的に取り組んだり，振り返って改善したりして，生活を工夫し創造し，家庭や地域で実践しようとしている。

4 指導と評価の計画（全5時間）

〔1〕「我が家の食品管理大作戦」に取り組もう ······················· 3時間
〔2〕「我が家の食品管理大作戦」を振り返ろう（本時4・5／5） ············· 2時間

〔次〕時	○ねらい・学習活動　ICTの活用場面	評価の観点			評価規準〈評価方法〉
		知	思	主	
〔1〕1	○「我が家の食品管理大作戦」に向けて，食生活の中から問題を見いだして課題を設定することができる。 ・家族から聞き取った我が家の食品の管理で困っている点，改善したい点を発表する。 ・1人1台端末で記録した食品の選択や保存，調理の様子を振り返り，各自が問題点を見いだし，「我が家の食品管理大作戦」の課題を設定する。 〈問題点の例〉 ・常温でもよい食品が野菜室にある。 ・冷蔵庫に多くの食品を詰め込んでいて何があるか分からない。 〈課題の例〉 ・我が家の冷蔵庫の使い方を改善し，食品管理ができるようになろう。		① ①		〔思〕①「我が家の食品管理大作戦」に向けて，食生活の中から問題を見いだして課題を設定している。 〈計画・実践記録表〉 〔主〕①「我が家の食品管理大作戦」に関する課題の解決に主体的に取り組もうとしている。 〈計画・実践記録表〉〈行動観察〉
2・3	○「我が家の食品管理大作戦」の計画を工夫することができる。 ・各自が「我が家の食品管理大作戦」の計画を立てる。 計画〈例〉冷蔵庫の食品保存 ・トレイやケースを活用して食品の置き場所を決定 ・冷蔵庫の「定期健診日」を月末に設定など ・食品の選択，保存方法，調理のグループに分かれて，計画を発表し合い，アドバイスを生かして計画を見直す。		② ②		〔思〕②「我が家の食品管理大作戦」に関する課題の解決に向けて，よりよい生活を考え，計画を工夫している。 〈計画・実践記録表〉〈行動観察〉 〔主〕②「我が家の食品管理大作戦」に関する課題解決に向けた一連の活動を振り返って改善しようとしている。 〈計画・実践記録表〉〈スライド〉
	「我が家の食品管理大作戦」を家庭で実践する				
〔2〕4・5	○「我が家の食品管理大作戦」の実践についてまとめ，発表したり，評価・改善したりすることができる。 ・「我が家の食品管理大作戦」の実践を振り		④		〔思〕④「我が家の食品管理大作戦」に関する課題解決に向けた一連の活動について，考察したことを筋道を立てて説明したり，発表

本時	返り，成果と課題についてまとめる。 ・実践を課題グループ（食品の選択，保存方法，調理）に分かれて発表し合う。 ・発表内容のよいところや質問をデジタル付箋に記入し，意見交換をする。 ・グループ別の代表者が全体に発表する。 ・ゲストティーチャー（市の職員・消費生活アドバイザーなど）からアドバイスを聞く。 ・実践した結果を評価したり，改善したりする。 ・自分や家族の食生活について新たな課題を見付け，今後に向けて自分ができることを考え，まとめる。			したりしている。 〈スライド〉〈行動観察〉 〔思〕③「我が家の食品管理大作戦」に関する課題の解決に向けて，家庭や地域などで実践した結果を評価したり，改善したりしている。 〈計画・実践記録表〉〈行動観察〉
		③		
		③		〔主〕③更によりよい生活にするために，「我が家の食品管理大作戦」に関する新たな課題を見付け，家庭で次の実践に取り組もうとしている。 〈計画・実践記録表〉

5 本時の展開（4・5／5時間）

(1)**小題材名** 「我が家の食品管理大作戦」を振り返ろう

(2)**ねらい** 「我が家の食品管理大作戦」の実践についてまとめ，発表したり，評価・改善したりすることができる。

(3)学習活動と評価

時間 （分）	学習活動 ICT の活用場面	・指導上の留意点 ■評価規準〈評価方法〉
5	1　本時の学習課題を確認する。	・本時の学習課題と学習の進め方を確認する。
	「我が家の食品管理大作戦」の実践を発表し，評価・改善しよう	
15	2「我が家の食品管理大作戦」の実践を振り返り，成果と課題についてまとめる。	・実践後の食生活の変化や家族の反応等を調べさせておく。 ■思考・判断・表現④ 〈スライド〉〈行動観察〉
15	3　「我が家の食品管理大作戦」の実践を課題グループ（食品の選択，保存方法，調理）に分かれて発表し合う。 〈例〉我が家の冷蔵庫の様子 （成果）冷蔵庫の中がすっきりして何があるかよく分かる。 （課題）安く売っていると買いすぎて冷蔵庫がいっぱいになることもある。	

15	4	発表内容のよいところや質問をデジタル付箋に記入し，意見交換をする。	
15	5	グループ別の代表者が全体に発表する。	
10	6	ゲストティーチャー（市の職員・消費生活アドバイザーなど）からアドバイスを聞く。	・ゲストティーチャーのアドバイスを踏まえて，各自の実践を振り返るよう助言する。
15	7	実践した結果を評価したり，改善したりする。	■**思考・判断・表現③**〈計画・実践記録表〉〈行動観察〉
10	8	自分や家族の食生活について新たな課題を見付け，今後に向けて自分ができることを考え，まとめる。	■**主体的に学習に取り組む態度③**〈計画・実践記録表〉

⑷学習評価のポイント

本時の「思考・判断・表現」の評価規準④については，「我が家の食品管理大作戦」の実践についてまとめ，発表する場面において，スライドの記述内容及び発表の様子から評価する。これまでの学習で習得した知識を活用して，「我が家の食品管理大作戦」について，「安全」及び「持続可能な社会の構築」の視点から考察したことを筋道立てて説明したり，発表したりしている場合を，「おおむね満足できる」状況（B）と判断した。その際，「努力を要する」状況（C）と判断される生徒に対しては，他の生徒の発表を参考にするよう促したり，実践したことを再度確認して考察したりするなどして，具体的な発表ができるようにする。

評価規準③については，実践を評価・改善する場面において，計画・実践記録表の記述内容及び行動観察から評価する。他の生徒やゲストティーチャーからのアドバイスを参考に，理由とともに改善点を記述している場合を，「おおむね満足できる」状況（B）と判断した。

「主体的に学習に取り組む態度」の評価規準③については，学習を振り返る場面において，計画・実践記録表の記述内容から評価する。他の生徒やゲストティーチャーからのアドバイスをもとに，更によりよい生活にするために，新たな課題を見付け，次の実践に取り組もうとする記述が見られる場合を，「おおむね満足できる」状況（B）と判断した。

6 主体的・対話的で深い学びを実現する学習指導〈ICT活用〉の工夫

主 生活の課題発見の場面で，食品の選択や保存の様子について家族にインタビューしたり，1人1台端末を活用して撮影した写真等を視聴したりすることで，問題が発見しやすくなり，課題を設定するときの手がかりとなるようにしている（各家庭や生徒のプライバシーに十分配慮し，写真等は各自が課題を設定する際に活用する）。

対 実践活動の評価・改善の場面で，1人1台端末を活用して実践内容をスライドで発表し，伝え合う活動を充実する。写真等を提示することで，課題に取り組む動機や現状，実践内容を分かりやすく伝えることは，意見交換を活発にし，改善策や新たな課題を考えることにつな

がる。

[深]「我が家の食品管理」について課題を設定し，計画，実践，評価・改善という一連の学習活動の中で「安全」「持続可能な社会の構築」の見方・考え方を働かせながら課題の解決に向けて，自分の考えを構想したり，表現したりすることができるようにする。

▶ ICT（1人1台端末）の主な活用場面と活用のポイント

〈本時の場面における活用〉

●実践活動の評価・改善（第4・5時）

「我が家の食品管理大作戦」の実践報告会の準備や発表の場面において，家庭で実践した様子をプレゼンテーション機能を活用して記録する。作成したスライドをグループや全体で発表し合う活動が考えられる。自分や友達の実践をイメージしやすくなり，よいところや質問，アドバイスを送り合うことができる。スライドにする場合，よい点は赤のカード，質問やアドバイスは黄色のカードを使うなど色を分けることで分かりやすく，意見の交流がより活発になり効果的である。

〈その他の場面における活用〉

●生活の課題発見（第1時）

「我が家の食品管理大作戦」の問題を見いだして課題を設定する場面において，各家庭や生徒のプライバシーに十分配慮しながら1人1台端末を活用し，事前に食品の選択や保存の様子等について記録したり，家族からの聞き取りをしたりすることは，「安全」や「持続可能な社会の構築」の視点から食品管理について考えることにつながり，課題を見付けやすく効果的である。また，実践後の振り返りにも有効である。

●解決方法の検討と計画（第2・3時）

「我が家の食品管理大作戦」の実践計画を工夫する場面において，自分が考えた実践計画についてグループごとに発表する。発表された内容について，よいところやアドバイスなどをデジタル付箋に記入して，端末上に貼り付ける活動が考えられる。コメントが記録に残っているため，いつでも見返すことができ，計画を改善する際に効果的である。

ワークシート等の例 ［1人1台端末においても活用可能］

■「我が家の食品管理大作戦」計画・実践記録表の一部（本時）

◇　実践した結果を評価したり，改善したりしよう　　　　　　　　　思③

「成果」　○冷蔵庫の中がすっきりして，何があるかよく分かる。
　　　　　○食品を無駄なく，計画的に使えるようになった。
「課題」　△安く売っていると買いすぎて，冷蔵庫がいっぱいになることもある。

↓

「改善」　□ホワイトボードなどを活用して，冷蔵庫にある食品を家族に知らせ，食品が無駄に
　　　　　ならないようにしたい。
　　　　　□家族の食べる量や献立メニューを考えて買い物ができるように，家族と相談して買
　　　　　物の仕方を見直したい。

◇　自分や家族の食生活について，新たな課題を見付け，今後に向けてやって　　主③
　　みたいことを書こう

　これからも家族と協力して，食品を無駄にしない食品管理を続けたい。そして、食品ロスが
深刻な問題と聞き，人ごとではなく，最後まで使い切れる工夫などを調べたい。
　また，災害・非常時には冷蔵庫が使えない。そのため，普段から常温で保存できる食品の
備蓄なども知っておきたい。

■1人1台端末活用の実際

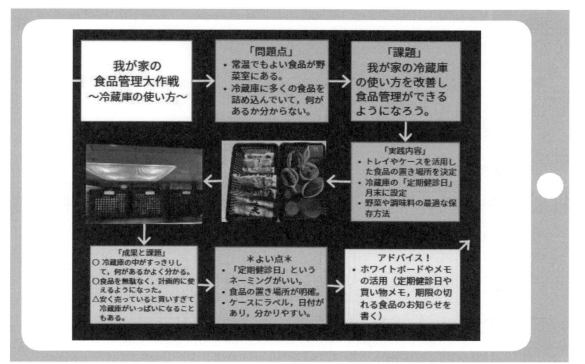

（竹内菊子）

C　消費生活・環境

13 よりよい生活を創る計画的な金銭管理と購入の工夫

C(1)ア(ア)(イ)イ

1 題材について

　この題材は，「Ｃ消費生活・環境」の(1)「金銭の管理と購入」のア及びイとの関連を図っている。題材のはじめに，自分の生活を想起し，物資・サービスの購入や消費行動について「よりよい生活を創るために計画的な金銭管理と購入について工夫しよう」という課題を設定し，「持続可能な社会の構築」の視点から考え，工夫する活動を通して，金銭管理と購入に関わる知識及び技能を身に付けるとともに，これからの生活を展望して，身近な消費生活についての課題を解決する力や身近な消費生活について工夫し創造しようとする実践的な態度を育成することをねらいとしている。

2 題材の目標

(1)　購入方法や支払い方法の特徴，計画的な金銭管理の必要性，売買契約の仕組み，消費者被害の背景とその対応について理解するとともに，物資・サービスの選択に必要な情報の収集・整理が適切にできる。

(2)　物資・サービスの購入について問題を見いだして課題を設定し，解決策を構想し，実践を評価・改善し，考察したことを論理的に表現するなどして課題を解決する力を身に付ける。

(3)　よりよい生活の実現に向けて，金銭の管理と購入について，課題の解決に主体的に取り組んだり，振り返って改善したりして，生活を工夫し創造し，実践しようとする。

3 題材の評価規準

知識・技能	思考・判断・表現	主体的に学習に取り組む態度
・購入方法や支払い方法の特徴が分かり，計画的な金銭管理の必要性について理解している。 ・売買契約の仕組み，消費者被害の背景とその対応について理解しているとともに，物資・サービスの選択に必要な情報の収集・整理が適切にできる。	物資・サービスの購入について問題を見いだして課題を設定し，解決策を構想し，実践を評価・改善し，考察したことを論理的に表現するなどして課題を解決する力を身に付けている。	よりよい生活の実現に向けて，金銭の管理と購入について，課題の解決に主体的に取り組んだり，振り返って改善したりして，生活を工夫し創造し，実践しようとしている。

4 指導と評価の計画 （全6時間）

★は指導に生かす評価

〔次〕時	○ねらい ・学習活動　ICT の活用場面	評価の観点			評価規準〈評価方法〉
		知	思	主	
〔1〕 1	○自分や家族の消費生活について問題を見いだし，課題を設定することができる。 ・模擬家族（太郎さん一家）の消費生活から，自分や家族の消費生活を想起する。 ・自分や家族の生活に必要な物資・サービスの購入時に関わる問題点等を発表し合い，自分や家族の消費生活の課題を設定する。		①		〔思〕①物資・サービスの購入について問題を見いだして課題を設定している。 〈ワークシート〉
	よりよい生活を創る計画的な金銭管理と購入について工夫しよう				
〔2〕 2	○多様化した購入方法や支払い方法の特徴について理解することができる。 ・自転車の購入場面における，購入方法の特徴についてまとめ，それぞれの利点と問題点を話し合う。 ・自転車の購入場面について，支払い時期の違いによる特徴や三者間契約と二者間契約の利点と問題点を考え，発表する。	① ★ ①			〔知〕①購入方法や支払い方法の特徴について理解している。 〈ワークシート〉 〔主〕①金銭の管理と購入について，課題の解決に主体的に取り組もうとしている。 〈ポートフォリオ〉
3	○売買契約の仕組み，消費者被害の背景とその対応について理解することができる。 ・太郎さんが自転車購入で，消費者被害にあった場面について適切な対応の仕方を調べ，発表し合う。 ・消費者被害が発生する背景や，売買契約についてまとめる。	② ②			〔知〕②売買契約の仕組み，消費者被害の背景とその対応について理解している。 〈ワークシート〉 〔主〕②金銭の管理と購入について，課題解決に向けた一連の活動を振り返って改善しようとしている。 〈ポートフォリオ〉
4	○多様な支払い方法に応じた計画的な金銭管理の必要性について理解することができる。 ・太郎さん一家の洗濯機の購入場面について，太郎さんや家族が購入する物の優先順位や支払い方法を検討し，話し合う。 ・進学を控えている太郎さんと花子さんにかかる必要な支出を踏まえ，翌月以降の金銭管理において，太郎さん一家へのアドバイスを考え，発表し合う。	③ ①			〔知〕③計画的な金銭管理の必要性について理解している。 〈ワークシート〉 〔知〕①購入方法や支払い方法の特徴について理解している。 ※記録に残す評価（支払い方法）

〔3〕5本時	○物資・サービスの選択に必要な情報を適切に収集・整理し，情報を活用して購入について考え，工夫することができる。 ・太郎さん一家が購入する洗濯機の購入条件を確認し，必要な情報の収集・整理を行い，ワークシートに記入する。 ・収集・整理した情報から，太郎さん一家が<u>購入する洗濯機を選択する。</u> ・<u>選択した洗濯機についてグループで発表し合う。</u>	④		〔知〕④物資・サービスの選択に必要な情報の収集・整理について理解しているとともに，収集・整理が適切にできる。 〈ワークシート〉 〔思〕②物資・サービスの購入について考え，工夫している。 〈ワークシート〉 〔知〕①購入方法や支払い方法の特徴について理解している。 ※記録に残す評価（購入方法）
		②		
		①		
6	○物資・サービスの選択・購入について評価・改善し，発表する。 ・<u>交流したことをもとに，太郎さん一家にふさわしい洗濯機を再度選択する。</u> ・<u>全体で共有し，</u>自分や家族のこれからの消費生活における<u>物資・サービスの選択・購入について考え，発表する。</u>	③		〔思〕③物資・サービスの購入について，実践を評価したり，改善したりしている。 〈ワークシート〉 〔思〕④物資・サービスの購入についての課題解決に向けた一連の活動について，考察したことを論理的に発表している。 〈行動観察〉〈ワークシート〉 〔主〕③よりよい消費生活の実現に向けて，金銭の管理と購入について工夫し創造し，実践しようとしている。 〈ポートフォリオ〉
		④		
			③	

5 本時の展開（5／6時間）

(1)小題材名　物資・サービスの選択・購入

(2)ねらい　物資・サービスの選択に必要な情報を適切に収集・整理し，情報を活用して購入について考え，工夫することができる。

(3)学習活動と評価

時間 （分）	学習活動 ICTの活用場面	・指導上の留意点 ■評価規準〈評価方法〉
5	1　本時の学習課題を確認する。	・前時の学習について確認する。
	洗濯機の選択に必要な情報を収集・整理し，太郎さん一家に合った洗濯機を購入しよう	
10	2　太郎さん一家が購入する洗濯機の購入条件を確認し，<u>必要な情報の収集・整理を行い，ワークシートに記入する。</u>	・クラウド上にA～Dの洗濯機の製品情報を保存し，活用できるようにしておく。 ■知識・技能④ 〈ワークシート〉

	【太郎さん一家が購入する洗濯機の条件】 ・予算は150,000円程度 ・10kg程の洗濯容量 ・乾燥機能あり ・保証がついている。 ・支払いはクレジットの分割3回払い	
15	3 収集・整理した情報から，太郎さん一家が<u>購入する洗濯機を選択する</u>。	・洗濯機の種類ごとに色分けしたデジタルシートを用い，理由も記入できるようにしておく。 ・2時間目に学習した販売方法の特徴も踏まえて考えるよう助言する。 ■思考・判断・表現② 〈ワークシート〉 ■知識・技能① 〈ワークシート〉
15	4 <u>選択した洗濯機についてグループで発表し合う</u>。	・選んだ理由も発表するように助言する。 ・太郎さん一家の購入条件に合っているか確認しながら，デジタル付箋でアドバイスをするよう助言する。
5	5 本時を振り返り，気付いたことや分かったことをまとめ，次時につなげる。	・互いのアドバイスをもとに，次時は太郎さん一家によりふさわしい洗濯機の再考をするよう助言する。

⑷学習評価のポイント

　本時の「知識・技能」の評価規準④については，太郎さん一家の洗濯機を選択・購入する場面において，ワークシートの記述内容から評価する。機能，価格，環境への配慮，保証等の観点から選択に必要な情報を収集し，整理している場合を，「おおむね満足できる」状況（B）と判断した。その際，「努力を要する」状況（C）と判断される生徒に対しては，太郎さん一家に必要な情報を確認し，広告やインターネットなどの情報源を例示するなどして，ワークシートに整理して記入できるようにする。

　なお，評価規準①については，2時間目の評価を「指導に生かす評価」とし，本時は「記録に残す評価」として位置付け，洗濯機の購入に際して，太郎さん一家の状況に合った購入方法の特徴を理解し選択しているかどうかを評価する。

　「思考・判断・表現」の評価規準②については，購入する洗濯機を決定する場面で，ワークシートの記述内容から評価する。収集・整理した情報をもとに，条件（価格，機能，アフターサービス，支払い方法など）に適した洗濯機について検討し，その理由を記述している場合を，「おおむね満足できる」状況（B）と判断した。その際，「努力を要する」状況（C）と判断される生徒に対しては，収集・整理した情報を確認し，条件に合った物かどうかを検討して選択できるようにする。

6 主体的・対話的で深い学びを実現する学習指導〈ICT活用〉の工夫

主 課題設定の場面で，1人1台端末を活用し，太郎さん一家の1日の消費生活場面のイラストを見て，様々な消費行動の問題に気付くことにより，よりよい生活を創るための計画的な金銭管理と購入の学習に見通しをもって主体的に取り組むことができるようにする。

対 金銭管理の必要性や選択する商品を話し合う場面で，1人1台端末を活用し，工夫や改善点を伝え合う活動を充実することにより，互いの考えを深めることができるようする。

深 太郎さん一家の洗濯機の選択・購入について考えるという一連の学習活動の中で，「持続可能な社会の構築」の見方・考え方を働かせながら，課題の解決に向けて自分の考えを構想したり，表現したりすることができるようにする。

ICT（1人1台端末）の主な活用場面と活用のポイント

〈本時の場面における活用〉
●解決方法の検討と計画（第5時）

　洗濯機を選択する場面において，クラウドやサーバー上に保存した洗濯機の実際の画像や情報を必要に応じて確認することができ，短時間で情報の収集・整理ができる。また，各自が選択した洗濯機をグループで交流する場面において，洗濯機の種類ごとに色分けしたデジタルシートを活用することで，選択した洗濯機とその理由が瞬時に把握でき，グループ内での共有が容易となる。さらに，デジタル付箋を活用してアドバイスを送付することは，考えを広げ深める上で効果的である。

〈その他の場面における活用〉
●解決方法の検討と計画（第4時）

　購入する物の優先順位や支払い方法を検討する場面において，準備しておいた太郎さん一家が購入する物のカードや支払い方法のカードを用いることにより，購入計画の具体的なイメージをもつことができる。また，画面上でカードを動かすことによって，容易に自分の考えを整理することができるとともに，グループや全体で交流する際にも，意見の共有が容易となり，効果的である。

●実践活動の評価・改善（第6時）

　各自の意見を全体で交流する場面において，洗濯機の種類ごとに色分けしたデジタルシートを活用することで，瞬時に互いの考えが把握でき，よりよい選択に向けて工夫・改善することができ，効果的である。

■「物資・サービスの選択・購入」ワークシートの一部（本時）

4 太郎さん一家の洗濯機購入のために必要な情報を収集・整理しよう。

知④

情報＼商品	A	B	C	D
購入方法	店舗販売 （家電量販店）	店舗販売 （近所の電化製品店）	無店舗販売 通信販売 （ネット販売）	無店舗販売 通信販売 （カタログ）
価格	163,000 円	148,000 円	155,000 円	152,000 円
洗濯容量 ・品質・機能	・ドラム式 ・12 kgまで ・洗濯時間 29 分 ・洗濯～乾燥 139 分 ・標準使用水量 74L	・縦型 ・12 kgまで ・洗濯時間 43 分 ・洗濯～乾燥 170 分 ・標準使用水量 120L	・縦型 ・10 kgまで ・洗濯時間 34 分 ・洗濯～乾燥 210 分 ・標準使用水量 110L	・ドラム式 ・10 kgまで ・洗濯時間 44 分 ・洗濯～乾燥 170 分 ・標準使用水量 57L
保証	メーカー1 年保証 価格＋3,000 円で 3 年の保証延長	メーカー1 年保証 故障には即対応可能	メーカー1 年保証	メーカー1 年保証
分割払い （手数料など）	可　手数料要	可　手数料要	可　手数料会社負担	可　手数料要

5 整理した情報を吟味して、太郎さん一家にふさわしい洗濯機を選びましょう。

4の表に、あなたが選んだ洗濯機を太枠で囲みましょう。

（グループで交流後、気付いたことを付箋に書いて友達に送りましょう。）

■１人１台端末活用の実際

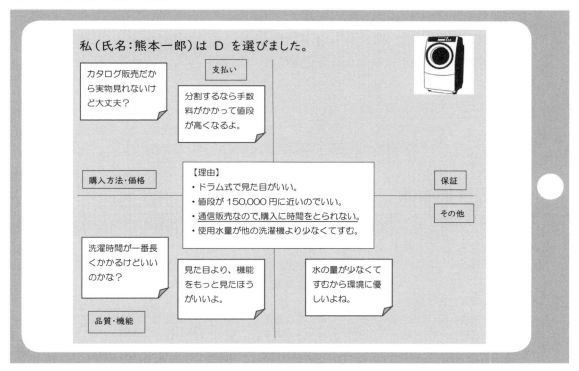

（粟田佳代）

14 自立した消費者になるためには

C(1)ア(イ)，(2)アイ

1 題材について

　この題材は，C「消費生活・環境」の(1)「金銭の管理と購入」のア(イ)と(2)「消費者の権利と責任」のア及びイとの関連を図っている。「自立した消費者になるためにはどのようなことが必要だろうか」という課題を設定し，「持続可能な社会の構築」の視点から考え，工夫する活動を通して，消費者の基本的な権利と責任，自分や家族の消費生活が環境や社会に及ぼす影響などについて理解するとともに，これからの生活を展望して，課題を解決する力や身近な消費生活について自立した消費者としての責任ある消費行動を考え，工夫し創造しようとする実践的な態度を育成することをねらいとしている。

2 題材の目標

(1)　売買契約の仕組み，消費者被害の背景とその対応，消費者の基本的な権利と責任，自分や家族の消費生活が環境や社会に及ぼす影響について理解する。

(2)　自立した消費者としての消費行動について問題を見いだして課題を設定し，解決策を構想し，実践を評価・改善し，考察したことを論理的に表現するなどして課題を解決する力を身に付ける。

(3)　よりよい生活の実現に向けて，消費者被害，消費者の権利と責任について，課題の解決に主体的に取り組んだり，振り返って改善したりして，生活を工夫し創造し，実践しようとする。

3 題材の評価規準

知識・技能	思考・判断・表現	主体的に学習に取り組む態度
・売買契約の仕組み，消費者被害の背景とその対応について理解している。 ・消費者の基本的な権利と責任，自分や家族の消費生活が環境や社会に及ぼす影響について理解している。	自立した消費者としての消費行動について問題を見いだして課題を設定し，解決策を構想し，実践を評価・改善し，考察したことを論理的に表現するなどして課題を解決する力を身に付けている。	よりよい生活の実現に向けて，消費者被害，消費者の権利と責任について，課題の解決に主体的に取り組んだり，振り返って改善したりして，生活を工夫し創造し，実践しようとしている。

4 指導と評価の計画（全6時間）

〔1〕消費者被害について考えよう ……………………………………………………… 2時間
〔2〕消費者の権利と責任について考えよう（本時3・4／6）……………………… 2時間
〔3〕「自立した消費者になろう〜私のお買物提言〜」………………………………… 2時間

〔次〕時	○ねらい ・学習活動　ICTの活用場面	評価の観点			評価規準〈評価方法〉
		知	思	主	
〔1〕1	○自立した消費者としての消費行動について問題を見いだし，課題を設定することができる。 ・<u>事前アンケートの集計結果をグラフ等で確認し，気付いたことを発表する。</u> ・自立した消費者としての消費行動について課題を設定する。		①		〔思〕①自立した消費者としての消費行動について問題を見いだして課題を設定している。 〈ポートフォリオ〉
2	○売買契約の仕組み，消費者被害の背景とその対応について理解することができる。 ・具体的な商品の購入を想定し，販売者と消費者の立場から考え，問題点を話し合う。 ・インターネットを介した通信販売の相談事例を取り上げ，被害にあわないための方法を考え，話し合う。 ・<u>オンラインで消費生活アドバイザーから話を聞き，被害にあった場合の対応についてまとめる。</u>	①		①	〔知〕①売買契約の仕組み，消費者被害の背景とその対応について理解している。 〈発言・ワークシート〉 〔主〕①消費者被害，消費者の権利と責任について課題の解決に主体的に取り組もうとしている。 〈ポートフォリオ・行動観察〉
〔2〕3・4本時	○消費者の基本的な権利と責任について理解することができる。 ・自転車の購入を例に，消費者の基本的な権利と責任について<u>クイズ形式で確認する。</u> ・過去の事例から果たされた責任とその結果について考える。 ・レインコートの例から，問題解決に向けた自分の消費行動について考える。 ・<u>デジタル付箋を用い，個々に具体的な対処方法を記入し，グループで話し合う。</u>	②		②	〔知〕②消費者の基本的な権利と責任について理解している。 〈ワークシート・行動観察〉 〔主〕②消費者被害，消費者の権利と責任について，課題解決に向けた一連の活動を振り返って改善しようとしている。 〈ポートフォリオ・ワークシート〉
〔3〕5	○自分や家族の消費生活が環境や社会に及ぼす影響について理解し，消費者としての責任ある消費行動を考え，自分たちができることを計画することができる。	③			〔知〕③自分や家族の消費生活が環境や社会に及ぼす影響について理解している。 〈ワークシート・発言〉

時間	学習活動			評価規準〈評価方法〉
	・自分や家族の消費生活（買物等）を振り返り，環境や社会に及ぼす影響について考え，話し合う。 ・社会や環境のために自分ができる消費行動（買物の仕方等）を考え，計画を立てる。	②		〔思〕②自立した消費者としての消費行動について考え，工夫している。 〈ワークシート・発言〉
	家庭実践：買物実践			
6	○自立した消費者としての消費行動について，実践を「私のお買物提言」レポートにまとめ，発表し，評価したり，改善したりすることができる。 ・プレゼンテーション機能などを用いてレポートを作成し，グループで発表する。	④		〔思〕④自立した消費者としての消費行動についての課題の解決に向けた一連の活動について考察したことを論理的に表現している。 〈レポート〉
	・実践や提言について評価し合い，付箋などを用いて改善する。	③		〔思〕③自立した消費者としての消費行動について，実践を評価したり，改善したりしている。 〈レポート〉
	・「持続可能な社会の構築」などの観点から実践したことを振り返り，今後の自分や家族の消費生活について考える。		③	〔主〕③よりよい消費生活の実現に向けて消費者被害，消費者の権利と責任について工夫し創造し，実践しようとしている。 〈レポート・ポートフォリオ〉

5 本時の展開 （3・4／6時間）

(1)小題材名 消費者の権利と責任について考えよう

(2)ねらい 消費者の基本的な権利と責任について理解する。

(3)学習活動と評価

時間 （分）	学習活動 ICTの活用場面	・指導上の留意点 ■評価規準〈評価方法〉
10	1　本時の学習の課題を確認する。 ・事前アンケートの結果から，気付いたことを発表し合う。 ・「食品に異物が混入していた場合」と「レインコートが破損した場合」の消費者の対処の違いについて考える。	・生徒のアンケート結果を用いることで，消費者の権利と責任について考えることが，身近な問題であることを意識できるようにする。
	自立した消費者としての行動について考えよう〜消費者の権利と責任ってなんだろう〜	
20	2　消費者の基本的な権利と責任について考える。	・消費者の8つの権利と5つの責任について具体的な購入場面を例に，クイズ形式で確認する。

20	・自転車の事例から<u>具体的な行動が８つの権利と５つの責任のどれに当たるかを考える。</u> ・過去の事例から，消費者が適切な選択や行動をしたことによって社会がどのように変化したか，グループで話し合う。 （事例；こんにゃくゼリー，ガシャポンカプセル　など）	・資料を１人１台端末に配付する。 ・消費者の適切な選択や行動が，より良い商品の開発や販売方法の改善につながることに気付き，「持続可能な社会の構築」などの視点と結び付けて考えることができるようにする。
20	3　レインコートの事例から，消費者の権利が守られ，責任が果たせるようにするための自分の消費行動について考える。 ・消費者の問題点を挙げ，消費者の権利と責任に結び付けて，責任が果たせる行動を考える。	・「食品に異物が混入していた場合」と「レインコートが破損した場合」の対処の違いについて再度問い，確認できるようにする。 ・消費者の８つの権利と５つの責任に結び付けて考えるよう促す。
20	・<u>デジタル付箋を用いて個々に具体的な対処方法を記入し，グループボードに貼り付ける。</u> ・<u>ホワイトボード機能を用い，グループでどのようにすればよいか話し合う。</u>	■**知識・技能②** 〈ワークシート〉 ・消費行動を，「購入前，使用中，問題があった後（破損後）」の三つの場面に分けてどのようにするべきか具体的に考えるよう助言する。
10	4　自立した消費者としての行動について分かったことや考えたことをまとめる。	■**主体的に学習に取り組む態度②** 〈ポートフォリオ・ワークシート〉

⑷学習評価のポイント

　本時の「知識・技能」の評価規準②については，レインコートの事例から，自分の消費行動を考える場面において，ワークシートの記述内容や発言から評価する。消費者にはどのような権利と責任があるか理解し，買物の場面において「持続可能な社会の構築」の視点から，具体的な行動が記述できている場合を，「おおむね満足できる」状況（B）と判断した。その際，「努力を要する」状況（C）と判断される生徒に対しては，自転車の購入場面を振り返り，基本的な消費者の権利と責任についてもう一度確認するとともに，レインコートの事例での話し合い活動を参考に，再度考えるよう促す。また，主張し行動するための責任などを行使しなかった場合の影響についても記述している場合を，（A）と判断した。

　「主体的に学習に取り組む態度」の評価規準②については，まとめの場面において，ポートフォリオとワークシートの記述内容から評価する。自立した消費者としての行動について，分かったことや分からなかったことなどを振り返りながら，よりよく行動しようとする記述をしている場合を，「おおむね満足できる」状況（B）と判断した。その際，「努力を要する」状況（C）と判断される生徒に対しては，学習を振り返らせるとともに，生徒にとってさらに身近で具体的な事例を示し，消費者の権利や責任とどのように関わっているかを確認するなど，個に応じた指導を工夫する。

6 主体的・対話的で深い学びを実現する学習指導〈ICT 活用〉の工夫

主 生活の課題発見の場面で1人1台端末を活用し，アンケートを実施・集計することで，消費者被害や消費者の権利と責任についての学習が自分や家族の身近に存在する問題であることに気付き，題材全体の学習の見通しをもって主体的に学習に取り組めるようにする。

対 解決方法の検討と計画の場面で1人1台端末を活用し，グループやクラス全体で，発表したり，意見交換したりする活動により，互いの考えを深めることができ，さらに改善策が検討できるようにする。

深 多くの事例や資料を提示することで，消費者の権利と責任について問題を見いだして課題を設定し，計画，実践，評価・改善という一連の学習活動の中で，自分の生活と関連付け，「持続可能な社会の構築」の見方・考え方を働かせながら，課題の解決に向けて自分の考えを構想したり，表現したりすることができるようにする。

ICT（1人1台端末）の主な活用場面と活用のポイント

〈本時の場面における活用〉

●解決方法の検討と計画の場面（第3・4時）

　消費者の基本的な権利と責任について考える場面では，自転車の購入場面を例として取り上げ，具体的な行動が8つの権利と5つの責任のどれに当たるかを個々に考える。1人1台端末を活用し，大勢の考えを瞬時に可視化し，クイズ形式で授業を進めることなどが考えられる。知識を習得する場面でのICTの活用は，楽しく確認作業ができ，覚えることが苦手な生徒にとっても主体的な学びにつながり，効果的である。

　また，事例資料については，1人1台端末に一斉配信することにより，情報を共有するとともに，一人一人が端末で繰り返し閲覧できることで，知識及び技能の習得につなげることができる。さらに，各自の意見を話し合う場面では，デジタル付箋を活用することが考えられる。各自の意見を可視化するとともに，話し合い等の過程で，どのように試行錯誤したのかを残すことで，他者の意見を確認し，自己の変容を自覚することができ，効果的である。

〈その他の場面における活用〉

●課題解決の評価・改善（第6時）

　実践報告のレポート準備や発表の場面では，プレゼンテーション機能などを活用して記録し，発表し合う活動が考えられる。保護者からのコメントなどをもらい，その情報を共有することで具体的な説明につなげたり，実践の改善に生かしたりすることができるようにする。

　また，実践を友達と相互評価することにより，課題を解決できたことに対する達成感や，将来にわたって考え続けなくてはいけない新たな課題に気付くことができるようにする。

ワークシート等の例［1人1台端末においても活用可能］

■ワークシートの一部（本時）

【3】 レインコートの事例での消費者の問題点を挙げてみましょう。その問題はどのような消費者の権利と責任にかかわっていますか。また，今後，消費者として責任を果たすためにはどうすればいいか考えましょう。

【問題点】	【権利と責任】	【権利が守られ責任が果たされるための行動】
・すぐに捨ててしまった。	被害の救済を受けられる権利 環境に与える影響を自覚する責任	・大事に使う。 ・直せるようだったら直して使う。 ・使い方などを確認する。
・破れたことをお店に報告していない。	意見が反映される権利 主張し行動する責任	・お店や製造元に連絡する。 ・どのように使っていて破損したか状況も説明する。 ・丈夫なものにしてほしいと意見を言う。
・安いと思って安易に購入した。	選択する権利 情報に疑問や関心を持つ責任	・ほかのお店のものと比較して買う。 ・説明書をよく読んで買う。 ・本当に必要か考える。

【4】 自立した消費者として，あなたは今後どのようにしたいと思いますか。わかったことや考えたことを振り返ってまとめましょう。

知②

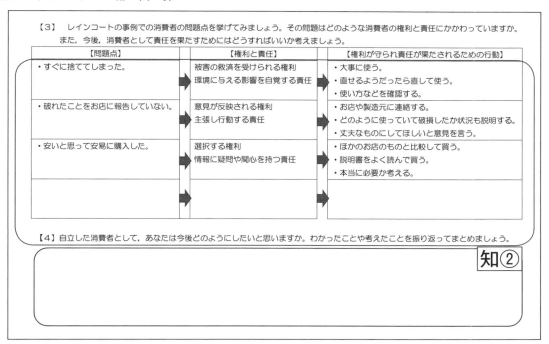

■1人1台端末活用の実際

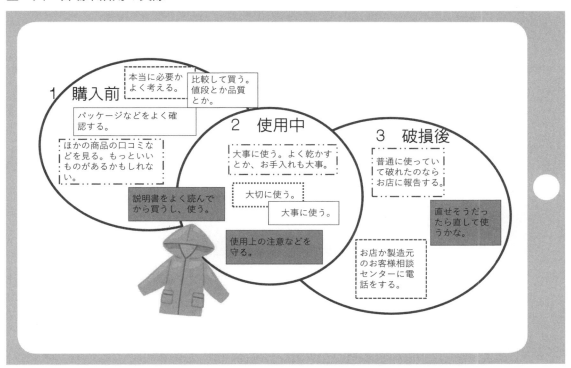

（合田紅花）

C 消費生活・環境

15 自立した消費者として行動しよう
～修学旅行の衣服購入を通して～

C(3)ア

1 題材について

　この題材は，「C消費生活・環境」の(1)「金銭の管理と購入」の学習を基礎とし，B(4)「衣服の選択と手入れ」との関連を図ったC(3)「消費生活・環境についての課題と実践」の題材である。自分や家族の消費生活の中から問題を見いだして「修学旅行の衣服購入をしよう」という課題を設定し，「持続可能な社会の構築」の視点から考え，計画を立てて実践した結果を評価・改善し，考察したことを論理的に表現するなどの学習を通して，課題を解決する力や生活を工夫し創造しようとする実践的な態度を育成することをねらいとしている。

2 題材の目標

(1) 「修学旅行の衣服購入」に向けて自分や家族の消費生活の中から問題を見いだして課題を設定し，解決策を構想し，計画を立てて実践した結果を評価・改善し，考察したことを論理的に表現するなどして課題を解決する力を身に付ける。

(2) 家族や地域の人々と協働し，よりよい生活の実現に向けて，「修学旅行の衣服購入」について，課題の解決に主体的に取り組んだり，振り返って改善したりして，生活を工夫し創造し，家庭や地域などで実践しようとする。

3 題材の評価規準

知識・技能	思考・判断・表現	主体的に学習に取り組む態度
	「修学旅行の衣服購入」に向けて自分や家族の消費生活の中から問題を見いだして課題を設定し，解決策を構想し，計画を立てて実践した結果を評価・改善し，考察したことを論理的に表現するなどして課題を解決する力を身に付けている。	家族や地域の人々と協働し，よりよい生活の実現に向けて，「修学旅行の衣服購入」について，課題の解決に主体的に取り組んだり，振り返って改善したりして，生活を工夫し創造し，家庭や地域で実践しようとしている。

4 指導と評価の計画（全4時間）

〔1〕「修学旅行の衣服購入」の計画を立てよう（本時2・3／4）………………… 3時間
〔2〕「修学旅行の衣服購入」について振り返ろう……………………………………… 1時間

〔次〕時	○ねらい ・学習活動　ICTの活用場面	評価の観点			評価規準〈評価方法〉
		知	思	主	
〔1〕 1	○「修学旅行の衣服購入」に向けて自分や家族の消費生活の中から問題を見いだして，課題を設定することができる。 ・自分や家族の金銭管理や購入方法について，「持続可能な社会の構築」の視点から問題を見いだして，課題を設定する。 ・<u>問題点については，ホワイトボード機能を活用し，グループで共有しながら話し合う。</u> ・<u>購入したい衣服の情報を収集・整理する。</u>		①	①	〔思〕①「修学旅行の衣服購入」に向けて自分や家族の消費生活の中から問題を見いだして，課題を設定している。 〈購入計画・実践レポート〉 〔主〕①「修学旅行の衣服購入」に関する課題の解決に向けて主体的に取り組もうとしている。 〈購入計画・実践レポート〉〈行動観察〉
2 ・ 3 本時	○「修学旅行の衣服購入」の計画を考え，工夫することができる。 ・<u>各自が「修学旅行の衣服購入」の計画を立てる。</u> ・<u>計画についてグループで発表し合い，コメント機能を活用し，他の生徒のアドバイスを生かして計画を見直す。</u>		②	②	〔思〕②「修学旅行の衣服購入」の計画を考え，工夫している。 〈購入計画・実践レポート〉 〔主〕②「修学旅行の衣服購入」の課題解決に向けた一連の活動を振り返って改善しようとしている。 〈購入計画・実践レポート〉〈行動観察〉
家庭実践「修学旅行の衣服購入」					
〔2〕 4	○「修学旅行の衣服購入」の実践について発表し，評価・改善することができる。 ・<u>「修学旅行の衣服購入」の実践報告会を全体で行い，コメント機能を活用し，アドバイスをし合う。</u> ・他の生徒のアドバイスを参考に，自分の実践，衣服購入について評価し，改善する。 ・新たに見付けた自分の課題を記入し，今後の消費生活についてできることをまとめる。		④ ③ ③		〔思〕④「修学旅行の衣服購入」に関する課題の解決に向けた一連の活動について，考察したことを筋道を立てて説明したり，発表したりしている。 〈購入計画・実践レポート〉〈相互評価〉 〔思〕③「修学旅行の衣服購入」に関する課題の解決に向けて，家庭で実践した結果を評価したり，改善したりしている。 〈購入計画・実践レポート〉 〔主〕③さらによりよい消費生活にするために，「修学旅行の衣服購入」に関する新たな課題を見つけ，家庭や地域での次の実践に取り組もうとしている。 〈購入計画・実践レポート〉

5 本時の展開 （2・3／4時間）

(1)**小題材名** 「修学旅行の衣服購入」の計画を立てよう

(2)**ねらい** 「修学旅行の衣服購入」の計画を考え，工夫することができる。

(3)**学習活動と評価**

時間 (分)	学習活動 ICT の活用場面	・指導上の留意点 ■評価規準〈評価方法〉
5	1　前時に立てた自分の課題と条件を確認し，本時の学習の見通しをもつ。 〈課題例〉 ・修学旅行先の気候に合わせてパーカーを購入したい。	・サイズ，素材，品質，予算，購入方法，支払い方法などの条件を確認するように伝える。
	「修学旅行の衣服購入」の計画を立てよう	
25	2　収集・整理した情報をもとに購入する衣服を選択し，計画を立てる。	
20	3　「修学旅行の衣服購入」の計画について，<u>同様の衣服購入を計画しているグループで発表し合う</u>。 　・Tシャツ 　・パーカー 　・ズボン等	・これまでの学習を生かして，衣服の素材等の視点だけではなく，次の視点からもアドバイスするように確認する。 ・購入方法の特徴（店舗販売，無店舗販売の利点，問題点） ・支払い方法の特徴（支払い方法の違いによる利点，問題点）　　　　　　　　など ■思考・判断・表現② 〈購入計画・実践レポート〉
20	4　計画について，<u>よいところ，アドバイスをコメント機能を活用して，意見交流する</u>。	・他の生徒の工夫や意見を参考にして，計画を見直すように助言する。
20	5　他の生徒のアドバイスを生かして計画を見直す。	
10	6　本時の学習を振り返り，家庭での実践に向けて自分の計画の内容を確認する。	・計画をもとに家庭で実践し，実践報告会を行うことを伝える。 ■主体的に学習に取り組む態度② 〈購入計画・実践レポート〉〈行動観察〉

(4)**学習評価のポイント**

　本題材では，「修学旅行の衣服購入」の一連の学習活動において，課題の発見，計画，実践，評価・改善について記録できる購入計画・実践レポートを作成している。

　本時の「思考・判断・表現」の評価規準②については，「修学旅行の衣服購入」の計画を工夫する場面において，購入計画・実践レポートの記述内容から評価する。

衣服の素材・品質・手入れだけではなく，「持続可能な社会の構築」の視点から，自分や家族の「計画的な金銭管理」について考え，「購入方法や支払い方法」を工夫して計画を立て，その理由を適切に示している場合を，「おおむね満足できる」状況（B）と判断した。その際，「努力を要する」状況（C）と判断される生徒に対しては，「計画的な金銭管理」や「購入方法や支払い方法の特徴」の学習を振り返って確認したり，他の生徒の計画を参考にするように促したりして具体的に計画が立てられるようにする。

「主体的に学習に取り組む態度」の評価規準②については，「修学旅行の衣服購入」の計画を見直す場面において，購入計画・実践レポートの記述内容及び行動観察などから評価する。計画を振り返って適切に自己評価し，他の生徒のアドバイス等を参考に計画を見直そうとしている場合を，「おおむね満足できる」状況（B）と判断した。その際，「努力を要する」状況（C）と判断される生徒に対しては，他の生徒の発表を参考にするように促したり，具体的な方法をアドバイスしたりして，計画を見直すことができるようにする。

なお，生徒の家庭の状況等に配慮し，過度な費用の負担等で実際に商品を購入することが難しい際には，情報を収集・整理して，購入する商品を判断し，決定するまでを扱い，評価することも考えられる。また，情報を収集・整理した結果，手持ちの衣服を活用という判断をする場合も考えられる。

生徒Tの課題と購入条件

【自分の課題】
○修学旅行先の気候に合わせてパーカーを購入したい。
【購入条件】
・手持ちの衣服に合わせるために白色でポケットのあるもの。（色・デザイン）
・修学旅行後も使えるように，今より大きめのLサイズ。（サイズ）
・予算は5,000円程度に抑え，お小遣いを使いすぎたので，できるだけお得に購入。（価格）
・天気が変わりやすい時期なので，ぬれても早く乾く素材。（素材・品質）
・テスト期間なので，買物にかける時間を減らす。（購入方法）

生徒Tの収集・整理した情報と選択した商品

■1. 購入したい衣服の情報を収集・整理しよう （白色 サイズL）

商品／購入方法／必要な情報	A	B	C	D	E
購入方法	店舗販売 店舗A	無店舗販売 店舗Aのオンラインストア （インターネット）	店舗販売 店舗B	店舗販売 店舗C	無店舗販売 店舗D （インターネット）
価格	4,980円	4,980円	6,500円	~~4,980円~~ 3,980円	3,980円
素材	綿 70% ポリエステル30%	綿 70% ポリエステル30%	綿 60% ポリエステル30% レーヨン 10%	ポリエステル100%	綿 65% ポリエステル35%
品質 機能性	吸水速乾性 防しわ性	吸水速乾性 防しわ性	吸水速乾性 防しわ性 接触冷感	速乾性 防しわ性	吸水速乾性 防しわ性 UVカット
手入れ	洗濯機○ 乾燥機○ アイロン○	洗濯機○ 乾燥機○ アイロン○	洗濯機○ 乾燥機○ アイロン×	洗濯機○ 乾燥機○ アイロン○	洗濯機○ 乾燥機○ アイロン○
支払い方法	現金 QRコード プリペイドカード クレジットカード （一括・分割）	QRコード クレジットカード （一括・分割）	現金 QRコード プリペイドカード クレジットカード （一括・分割）	現金 プリペイドカード クレジットカード （一括・分割）	QRコード クレジットカード （一括・分割）
配送			最短翌日に届く		最短2日後に届く
返品	レシートがあれば7日以内	専用サイトから2週間以内	レシートがあれば10日以内	セール品のため不可	専用サイトから1ヶ月以内
その他	店舗の営業時間が長く，塾が終わってからでも買いに行くことができる。	QRコード決済すれば，キャンペーンで20%分のポイントが還元される。	こだわりの商品が多く，高品質な商品を多く扱っているお店	本来は4,980円の商品がセールで3,980円になっている	自宅での試着サービスがあり，サイズ等が合わない場合は交換が簡単にできる。

6 主体的・対話的で深い学びを実現する学習指導〈ICT活用〉の工夫

主 課題設定の場面で，1人1台端末を活用し，「修学旅行の衣服購入」に向けて自分や家族の消費生活の中から問題を見いだしやすくすることにより，実践の見通しをもって主体的に学習に取り組めるようにする。

対 「修学旅行の衣服購入」の計画や実践発表会の場面で，1人1台端末を活用し，工夫点や改善点を伝え合う活動を充実することにより，互いの考えを深めることができるようにする。

深「修学旅行の衣服購入」について課題を設定し，計画を立てて実践する一連の学習活動の中で，「持続可能な社会の構築」の見方・考え方を働かせながら，課題の解決に向けて自分の考えを構想したり，表現したりできるようにすることにより，「持続可能な社会の構築」という概念の形成につなげるようにする。

 # CT（1人1台端末）の主な活用場面と活用のポイント

〈本時の場面における活用〉

●解決方法の検討と計画（第2・3時）

「修学旅行の衣服購入」の計画を工夫する場面において，購入方法や支払い方法の特徴を生かした選択であるか，各自の気付きをデジタル付箋に記入する。これらを整理し，比較検討することにより，考えを広げ，深める活動が考えられる。デジタル付箋は，色を自由に変えることができるため，個別に色分けして意見を比較したり，長所・短所ごとに色分けしたりできる良さがある。また，収集した情報を写真等で保存することにより，短時間で効率よく商品を比較する活動が考えられる。あらかじめ手持ちの衣服等を撮影しておくことで，自分や家族にとっての適切な選択であるか視覚的に判断しやすくなるよさがある。さらに，ワークシートに書き込むことを苦手とする生徒にとっても，購入計画・実践レポートを容易に作成できるので，主体的な学びにつながり効果的である。

〈その他の場面における活用〉

●生活の課題発見（第1時）

「修学旅行の衣服購入」について問題を見いだして課題を設定する場面において，購入方法や支払い方法の特徴を踏まえた買物をしているか考えたり，それらを端末上のホワイトボードに書き込んだりして生活の課題を発見する活動が考えられる。その際，自分や友達の意見から共通の課題に気付いたり，グルーピングして解決すべき課題を明確にできたりするよさがある。また，購入計画・実践レポートを共有しておくことで，活動の全体像を見通すことができるので，主体的な学びにつながり効果的である。

●実践活動の評価・改善（第4時）

実践報告会の準備や発表の場面において，カメラ機能を用いて家庭実践で購入した衣服の撮影やプレゼンテーション機能を活用して記録を作成する。作成した資料を全体で共有し，実践の成果と課題を発表し合う活動が考えられる。その際，自分や友達の実践をイメージしやすくなり，コメント機能を活用することで発表のよかった点や改善点について，意見の交流がより活発化され，効果的である。また，キーワード分析機能を活用することで，客観的に振り返ることができるので，新たな課題を発見したり，自分ができることを考えたりしやすくなるよさがある。

ワークシート等の例［1人1台端末においても活用可能］

■「購入計画・実践レポート」の一部（本時）

■2. 収集・整理した情報をもとに購入する衣服を選択しよう！ 思②

最初の選択

B を買いたい

その理由は…
・予算が5000円程度なので，金額的にもちょうどよい。（価格）
・ポリエステルは速乾性のある素材である。（素材・品質）
・オンラインストアで注文しても最短翌日に届くため，テスト期間でも出かけずに塾帰りの車の中で買物することができる。（購入方法）
・QRコード決済で今なら，20％もお得に買物することができる。（支払い方法）

| （1）購入方法の検討 | （2）支払い方法の検討 |

〜〜〜〜〜〜〜〜〜〜〜〜〜〜〜〜〜〜〜〜〜〜〜〜〜〜〜〜〜〜〜〜〜〜〜

（3）友だちからのアドバイス

〜〜〜〜〜〜〜〜〜〜〜〜〜〜〜〜〜〜〜〜〜〜〜〜〜〜〜〜〜〜〜〜〜〜〜

最終選択

A を買いたい

その理由は…
・予算が5000円程度なので，金額的にもちょうどよい。（価格）
・ポリエステルは速乾性のある素材である。（素材・品質）
★授業で習ったものなので，手入れは自分でもできそう。（手入れ）
・店舗販売は、試着して着ごこちやほつれがないか確認できる。配送の必要がなく、返品に時間がかからない。オンラインストアにした場合、「最短」となっているだけなので，もし届かなかった場合は修学旅行に持って行けない可能性がある。（購入方法）
・QRコード決済にすれば，現金を持ち歩かなくていいので，自分が店舗に行けるタイミングで買物ができる。（支払い方法）

■1人1台端末活用の実際

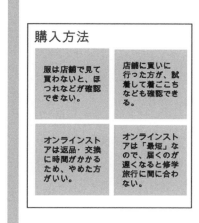

(橋本典明)

Q1 家族への取材や調査，ゲストティーチャーや地域の人と関わる場面で，１人１台端末を活用する際に気を付けることは何ですか。

　家庭分野では，課題設定や課題解決の場面で，家族への取材や調査をしたり，ゲストティーチャーを招いて話を聞いたり，レコーダー機能を使って音声で記録したりする活動がよくあります。その際，１人１台端末のカメラ機能を活用して写真や動画で記録を残すことは，課題設定や課題解決の場面だけでなく，発表や評価・改善の場面でもとても役に立ちます。ただし，撮影を行う場合は，取材対象のプライバシーに配慮することが大切です。取材や調査のための計画を立て，事前にアポイントを取り，学習のねらいや取材したい内容，取材で得た情報の活用方法，学習後の保存方法や保存形態，保存期間等について，学校から依頼しておくとともに，実際の取材に当たる生徒自身が取材相手に直接伝えることも大切です。これは，ゲストティーチャーや地域の人だけでなく，家族への取材でも同様です。家族への取材の流れを練習として行うことで地域の人への取材もスムーズにできるようになります。最初は教師が手本を見せ，学習を重ねてきたら生徒自身で計画できるようにしていくことが考えられます。取材相手のプライバシー保護や肖像権等，情報モラルやマナーに関する指導については，他教科等での学習においても関連があるため，学校として，どの時期に指導するのかを確認しておくことが大切です。

Q2 オンラインで交流する場面で，１人１台端末を活用する際に気を付けることは何ですか。

　直接会って交流できない場合でも１人１台端末を活用することで，オンラインで交流することができます。オンラインで交流する場合も直接会って取材する場合と同様に，取材計画を立て，取材内容等について事前に取材相手に伝えておくことが必要です。オンラインで交流する場合は，これに加えて交流する時間や相手の通信環境等のハード面についても確認し，相手と学校とで事前に簡単なリハーサルを行うことも大切です。１対１で交流する場合は，１人１台端末だけでやり取りができますが，全体でゲストティーチャーの話を聞く場合は，相手をプロジェクターや大型テレビ等の大画面に映して全体で見えるようにしたり，声が全体に聞こえるようにスピーカーを用意したりする必要もあります。その際，進行役としての司会者も決めておく必要があります。また，複数で話し合うウェブ会議の場合は，同じ場所で複数の人が１人１位台端末を使うとハウリングを起こして音声が聞き取りにくくなるので，各自がイヤフォンを使用し，発言をしない人はマイクをミュートにするといった約束も事前に確認しておくとよいです。その際，ウェブ会議を効率的に時間通り進められるように進行役を決めておくことも必要です。オンラインでの交流に関する指導については，家庭分野の学習だけでなく，学校として，外部とウェブ会議を行うためのルールや約束を決めるとともに，生徒にも進行役を務めるためのスキルを身に付けさせておくことが大切です。

Q3 1人1台端末を活用してアンケートを作成する際のポイントは何ですか。

　課題設定を行うための準備として，あるいは課題解決のためにアンケートを作成することがあります。1人1台端末を活用することにより，生徒でもアンケートの作成，配付，回収，集計（作表・グラフ化）などが簡単にできるようになりました。アンケート集計が簡単にできるようになったからといって，安易にアンケートをするのではなく，何のためにアンケートを作成するのか，どのようなことを質問するのか，アンケート結果をどのように活用するのかを生徒自身がしっかりと把握しておく必要があります。そして，アンケートを実施する際には，アンケートの対象者にその意図をきちんと伝えて理解してもらうこと，できるだけシンプルで相手に分かりやすい質問にすることが大切です。また，アンケートを行う母数がどのくらいあれば全体の傾向が分かるのかも知っておくことが大切です。さらに，回答を記名式にする場合は，集めたデータは個人情報となるので，その取扱いについても配慮することが大切です。

Q4 1人1台端末を活用してインターネットで情報収集を行う際のポイントは何ですか。

　課題設定や課題解決等の様々な場面で必要な情報を収集するためにインターネットを活用することが考えられます。生徒がインターネットでの情報収集をする上で最も大切なことは，収集した情報の確かさです。インターネット上にある情報については，信頼できるものもありますが，中には信憑性のないものも多く存在します。必要な情報を集めるためにインターネットを活用しているのに，正しい調べ方をしないとかえって情報に振り回されてしまうことにもなりかねません。そのためには，信頼できるサイトであるか，複数のサイトに同じ内容のことが掲載されているかなどを確認します。また，自分が得た情報の出所を知っておくことが大切です。発表の場面でスライド等にインターネットからの情報を載せるときは，その情報や資料の出典を明記しておく必要があります。

　また，イラストや写真については，コピーやダウンロードする際にも許諾を得る必要がある場合があるので，必ずサイトの記載事項を確認してからコピーやダウンロードを行うようにします。授業の中で使う場合には，特に制限がなくても，それを外部で発表したり，ホームページ上で公開したりする場合は，許諾が必要になる場合が多いので，これらのことに注意する必要があります。コピーやダウンロードができない場合でも，ネットワークがつながっていれば，スライドから必要な情報のあるサイトにリンクして発表するという方法も考えられます。

Q5 1人1台端末を活用して実験や実習等の計画表や記録表を作成する際のポイントは何ですか。

　実験や実習等の計画表は，デジタル版で作成すると，デジタル付箋が活用できます。例えば，調理や製作の計画を立てる場面では，その手順をデジタル付箋で記入していきます。デジタル付箋は並べ替えも簡単にできるので，試行錯誤しながら手順を考えることができます。ペアやグループで考えたり，交流したりする場合には，付箋の色を変えるなどの工夫が考えられます。アドバイスをもとにすぐに修正ができるため，効率よく計画を立てることができます。

　また，実験や実習等の記録表は，カメラ機能を活用することで，写真だけではなく，撮影した動画を貼り付けることができます。撮影に当たっては何を記録したいのか，そのデータをどのような用途で使うかを考え，ポイントを絞って撮影することが大切です。写真や動画の解像度をあらかじめ設定して容量が増えないようにすることも必要です。記録として残しておきたいものは，解像度が高いほうがよいかもしれませんが，ファイルのデータ量が大きすぎると，データが送れなかったり，場合によっては消えてしまったりという思わぬトラブルにつながることもあります。メモとして撮影するのであれば，解像度はそれほど高くなくても構いません。写真やビデオの解像度は，端末やアプリの設定で変更することができるので，学習前に確かめておくとよいです。

Q6 1人1台端末を活用して作成した計画表等やワークシートを保存する際のポイントは何ですか。

　デジタル版の計画表等の保存については，日付や時間でファイル名を付けて更新していくことで，自分の思考の流れを確認することができます。ただし，ファイル数が増えたり，データ量が多くなったりする場合は，デジタル付箋やカードに更新した日付や時間を書き込んでおくという方法もあります。アプリによってはそうした変更が自動で記録されるものもあります。

　また，デジタル版のワークシートは，簡単にポートフォリオとして蓄積することができ，生徒が学習を振り返ったり，教師が評価したりする際にも活用できます。どの題材でも活用できるような様式を検討することも考えられます。保存する際のファイル形式は，端末にプリインストールされているアプリに依存する場合がほとんどですが，学校や生徒の実態に合ったものを選ぶことも考えられます。

　なお，すべてのデータを端末に保存すると端末の容量を圧迫してしまいます。データの保存については，学校でどこにどのような形式でどのくらいの期間保存しておくのかを決めておき，その都度，使わなくなったデータを削除することも大切です。

Q7 1人1台端末を活用してペアやグループで相互評価したり，全体で共有したりする際のポイントは何ですか。

　ペアやグループで相互評価する場面では，デジタル付箋が活用できます。デジタル付箋は，色や大きさを自由に調整することができるので，よい点やアドバイスなどで色分けしたり，大きさを変えたりと様々な使い方ができます。あらかじめ学校としてデジタル付箋の使い方についての決まりを作っておくと他教科等の学習でも役に立ちます。また，グループや全体の意見をまとめる場面では，授業支援ソフト等のホワイトボード機能が役に立ちます。ホワイトボード機能を活用することにより，模造紙を使っての話し合いと同じようにデジタル付箋で互いの意見を出し合い，全体の考えをまとめ，共有することができます。デジタル版の場合は，できあがったものをグループのメンバーに配信すれば全員で共有することもできます。模造紙で行った場合でも1人1台端末があれば写真に撮って共有することができます。

　さらに，授業支援ソフト等の複数の端末の画面を一覧として表示する機能を活用することで，教師が自分の端末で一人一人の生徒の進捗状況を確認することができます。この一覧を全体に見せることで，複数の人の考えが一度に大画面に投影されるので，全体の意見を分類したり，傾向を探ったりすることもできます。

Q8 1人1台端末を活用して発表資料を作成する際のポイントは何ですか。

　発表の場面では，プレゼンテーション機能を活用することで，簡単に発表資料を作成することができます。スライドの作成に当たっては，相手に何を伝えたいのかをしっかりと確認してから作成することが大切です。発表の時間によって作成するスライドの枚数も決まってきます。自由に作ってしまうと，スライドのアニメーション効果やBGM，文字のフォントや色といった見た目だけに凝ってしまったり，写真や映像を流すだけという発表になってしまったりすることも考えられます。写真や映像を使うのは，言葉だけでは伝わりにくいことを補完するためであることを指導しておくとよいです。発表の際は，スライドに書かれていることを読むのではなく，スライドの要点を具体的に分かりやすく説明することを押さえておくことも大切です。これらは，家庭分野の学習に限らず他教科等の発表の場面でも役立ちます。スライドを用いた発表に慣れていない場合は，あらかじめスライドの枚数や利用する写真の枚数を決めてそれに合わせて作成することも考えられます。また，スライドの中に写真や動画を使う場合には，その出典を明らかにするとともに，相手の許諾を取る必要があるかどうかを確認しておくことも大切です。

　なお，幼児や高齢者を対象に発表する場合には，スライドの文字の大きさ，文字数，発表時間，スライドの枚数などを考慮することが大切です。

（横山美明）

1 家庭分野の目標と評価の観点及びその趣旨

　生活の営みに係る見方・考え方を働かせ，衣食住などに関する実践的・体験的な活動を通して，よりよい生活の実現に向けて，生活を工夫し創造する資質・能力を次のとおり育成することを目指す。

	(1)	(2)	(3)
目標	家族・家庭の機能について理解を深め，家族・家庭，衣食住，消費や環境などについて，生活の自立に必要な基礎的な理解を図るとともに，それらに係る技能を身に付けるようにする。	家族・家庭や地域における生活の中から問題を見いだして課題を設定し，解決策を構想し，実践を評価・改善し，考察したことを論理的に表現するなど，これからの生活を展望して課題を解決する力を養う。	自分と家族家庭生活と地域との関わりを考え，家族や地域の人々と協働し，よりよい生活の実現に向けて，生活を工夫し創造しようとする実践的な態度を養う。

（中学校学習指導要領　p.136）

観点	知識・技能	思考・判断・表現	主体的に学習に取り組む態度
趣旨	家族・家庭の基本的な機能について理解を深め，生活の自立に必要な家族・家庭，衣食住，消費や環境などについて理解しているとともに，それらに係る技能を身に付けている。	これからの生活を展望し，家族・家庭や地域における生活の中から問題を見いだして課題を設定し，解決策を構想し，実践を評価・改善し，考察したことを論理的に表現するなどして課題を解決する力を身に付けている。	家族や地域の人々と協働し，よりよい生活の実現に向けて，課題の解決に主体的に取り組んだり，振り返って改善したりして，生活を工夫し創造し，実践しようとしている。

（改善等通知　別紙4　p.18）

2 内容のまとまりごとの評価規準（例）

「A　家族・家庭生活」

(1) 「自分の成長と家族・家庭生活」

知識・技能	思考・判断・表現	主体的に学習に取り組む態度
自分の成長と家族や家庭生活との関わりが分かり，家族・家庭の基本的な機能について理解しているとともに，家族や地域の人々と協力・協働して家庭生活を営む必要があることに気付いている。		

(2) 「幼児の生活と家族」

知識・技能	思考・判断・表現	主体的に学習に取り組む態度
・幼児の発達と生活の特徴が分かり，子供が育つ環境としての家族の役割について理解している。 ・幼児にとっての遊びの意義や幼児との関わり方について理解している。	幼児との関わり方について問題を見いだして課題を設定し，解決策を構想し，実践を評価・改善し，考察したことを論理的に表現するなどして課題を解決する力を身に付けている。	家族や地域の人々と協働し，よりよい生活の実現に向けて，幼児の生活と家族について，課題の解決に主体的に取り組んだり，振り返って改善したりして，生活を工夫し創造し，実践しようとしている。

(3) 「家族・家庭や地域との関わり」

知識・技能	思考・判断・表現	主体的に学習に取り組む態度
・家族の互いの立場や役割が分かり，協力することによって家族関係をよりよくできることについて理解している。 ・家庭生活は地域との相互の関わりで成り立っていることが分かり，高齢者など地域の人々と協働する必要があることや介護など高齢者との関わり方について理解している。	家族関係をよりよくする方法及び高齢者など地域の人々と関わり，協働する方法について問題を見いだして課題を設定し，解決策を構想し，実践を評価・改善し，考察したことを論理的に表現するなどして課題を解決する力を身に付けている。	家族や地域の人々と協働し，よりよい生活の実現に向けて，家族・家庭や地域との関わりについて，課題の解決に主体的に取り組んだり，振り返って改善したりして，生活を工夫し創造し，実践しようとしている。

(4) 「家族・家庭生活についての課題と実践」

知識・技能	思考・判断・表現	主体的に学習に取り組む態度
	家族，幼児の生活又は地域の生活の中から問題を見いだして課題を設定し，解決策を構想し，計画を立てて実践した結果を評価・改善し，考察したことを論理的に表現するなどして課題を解決する力を身に付けている。	家族や地域の人々と協働し，よりよい生活の実現に向けて，家族，幼児の生活又は地域の生活について，課題の解決に主体的に取り組んだり，振り返って改善したりして，生活を工夫し創造し，家庭や地域などで実践しようとしている。

「B　衣食住の生活」

(1) 「食事の役割と中学生の栄養の特徴」

知識・技能	思考・判断・表現	主体的に学習に取り組む態度
・生活の中で食事が果たす役割について理解している。 ・中学生に必要な栄養の特徴が分かり，健康によい食習慣について理解している。	自分の食習慣について問題を見いだして課題を設定し，解決策を構想し，実践を評価・改善し，考察したことを論理的に表現するなどして課題を解決する力を身に付けている。	よりよい生活の実現に向けて，食事の役割と中学生の栄養の特徴について，課題の解決に主体的に取り組んだり，振り返って改善したりして，生活を工夫し創造し，実践しようとしている。

(2) 「中学生に必要な栄養を満たす食事」

知識・技能	思考・判断・表現	主体的に学習に取り組む態度
・栄養素の種類と働きが分かり，食品の栄養的な特質について理解している。 ・中学生の1日に必要な食品の種類と概量が分かり，1日分の献立作成の方法について理解している。	中学生の1日分の献立について問題を見いだして課題を設定し，解決策を構想し，実践を評価・改善し，考察したことを論理的に表現するなどして課題を解決する力を身に付けている。	よりよい生活の実現に向けて，中学生に必要な栄養を満たす食事について，課題の解決に主体的に取り組んだり，振り返って改善したりして，生活を工夫し創造し，実践しようとしている。

(3) 「日常食の調理と地域の食文化」

知識・技能	思考・判断・表現	主体的に学習に取り組む態度
・日常生活と関連付け，用途に応じた食品の選択について理解しているとともに，適切にできる。 ・食品や調理用具等の安全と衛生に留意した管理について理解しているとともに，適切にできる。 ・材料に適した加熱調理の仕方について理解しているとともに，基礎的な日常食の調理が適切にできる。 ・地域の食文化について理解しているとともに，地域の食材を用いた和食の調理が適切にできる。	日常の1食分の調理における食品の選択や調理の仕方，調理計画について問題を見いだして課題を設定し，解決策を構想し，実践を評価・改善し，考察したことを論理的に表現するなどして課題を解決する力を身に付けている。	家族や地域の人々と協働し，よりよい生活の実現に向けて，日常食の調理と地域の食文化について，課題の解決に主体的に取り組んだり，振り返って改善したりして，生活を工夫し創造し，実践しようとしている。

(4) 「衣服の選択と手入れ」

知識・技能	思考・判断・表現	主体的に学習に取り組む態度
・衣服と社会生活との関わりが分かり，目的に応じた着用，個性を生かす着用及び衣服の適切な選択について理解している。 ・衣服の計画的な活用の必要性，衣服の材料や状態に応じた日常着の手入れについて理解しているとともに，適切にできる。	衣服の選択，材料や状態に応じた日常着の手入れの仕方について問題を見いだして課題を設定し，解決策を構想し，実践を評価・改善し，考察したことを論理的に表現するなどして課題を解決する力を身に付けている。	よりよい生活の実現に向けて，衣服の選択と手入れについて，課題の解決に主体的に取り組んだり，振り返って改善したりして，生活を工夫し創造し，実践しようとしている。

(5) 「生活を豊かにするための布を用いた製作」

知識・技能	思考・判断・表現	主体的に学習に取り組む態度
・製作する物に適した材料や縫い方について理解しているとともに，用具を安全に取り扱い，製作が適切にできる。	資源や環境に配慮し，生活を豊かにするための布を用いた物の製作計画や製作について問題を見いだして課題を設定し，解決策を構想し，実践を評価・改善し，考察したことを論理的に表現するなどして課題を解決する力を身に付けている。	よりよい生活の実現に向けて，生活を豊かにするための布を用いた製作について，課題の解決に主体的に取り組んだり，振り返って改善したりして，生活を工夫し創造し，実践しようとしている。

(6) 「住居の機能と安全な住まい方」

知識・技能	思考・判断・表現	主体的に学習に取り組む態度
・家族の生活と住空間との関わりが分かり，住居の基本的な機能について理解している。 ・家庭内の事故の防ぎ方など家族の安全を考えた住空間の整え方について理解している。	家族の安全を考えた住空間の整え方について問題を見いだして課題を設定し，解決策を構想し，実践を評価・改善し，考察したことを論理的に表現するなどして課題を解決する力を身に付けている。	家族や地域の人々と協働し，よりよい生活の実現に向けて，住居の機能と安全な住まい方について，課題の解決に主体的に取り組んだり，振り返って改善したりして，生活を工夫し創造し，実践しようとしている。

(7) 「衣食住の生活についての課題と実践」

知識・技能	思考・判断・表現	主体的に学習に取り組む態度
	食生活，衣生活，住生活の中から問題を見いだして課題を設定し，解決策を構想し，計画を立てて実践した結果を評価・改善し，考察したことを論理的に表現するなどして課題を解決する力を身に付けている。	家族や地域の人々と協働し，よりよい生活の実現に向けて，食生活，衣生活，住生活について，課題の解決に主体的に取り組んだり，振り返って改善したりして，生活を工夫し創造し，家庭や地域などで実践しようとしている。

「C　消費生活・環境」

(1) 「金銭の管理と購入」

知識・技能	思考・判断・表現	主体的に学習に取り組む態度
・購入方法や支払い方法の特徴が分かり，計画的な金銭管理の必要性について理解している。 ・売買契約の仕組み，消費者被害の背景とその対応について理解しているとともに，物資・サービスの選択に必要な情報の収集・整理が適切にできる。	物資・サービスの購入について問題を見いだして課題を設定し，解決策を構想し，実践を評価・改善し，考察したことを論理的に表現するなどして課題を解決する力を身に付けている。	よりよい生活の実現に向けて金銭の管理と購入について，課題の解決に主体的に取り組んだり，振り返って改善したりして，生活を工夫し創造し，実践しようとしている。

(2)「消費者の権利と責任」

知識・技能	思考・判断・表現	主体的に学習に取り組む態度
・消費者の基本的な権利と責任，自分や家族の消費生活が環境や社会に及ぼす影響について理解している。	自立した消費者としての消費行動について問題を見いだして課題を設定し，解決策を構想し，実践を評価・改善し，考察したことを論理的に表現するなどして課題を解決する力を身に付けている。	よりよい生活の実現に向けて，消費者の権利と責任について，課題の解決に主体的に取り組んだり，振り返って改善したりして，生活を工夫し創造し，実践しようとしている。

(3) 「消費生活・環境についての課題と実践」

知識・技能	思考・判断・表現	主体的に学習に取り組む態度
	自分や家族の消費生活の中から問題を見いだして課題を設定し，解決策を構想し，計画を立てて実践した結果を評価・改善し，考察したことを論理的に表現するなどして課題を解決する力を身に付けている。	家族や地域の人々と協働し，よりよい生活の実現に向けて，自分や家族の消費生活について，課題の解決に主体的に取り組んだり，振り返って改善したりして，生活を工夫し創造し，家庭や地域などで実践しようとしている。

※国立教育政策研究所『「指導と評価の一体化」のための学習評価に関する参考資料　〔中学校　技術・家庭〕』より引用

【執筆者一覧】 （執筆順） ＊所属は執筆時

筒井　恭子	前文部科学省初等中等教育局教育課程課　教科調査官
	前国立教育政策研究所教育課程研究センター研究開発部　教育課程調査官
渡部　ゆかり	松山市立勝山中学校長
向井　喜子	松山市立余土中学校
榛原　砂穂理	昭和町立押原中学校
橋爪　友紀	小平市立小平第一中学校
押切　明子	山形県教育センター研修課指導主事
七條　悠子	徳島市立富田中学校
深井　明美	前小平市立小平第五中学校副校長
迎　寿美	千葉市立葛城中学校
山崎　陽江	富山市立山室中学校教頭
西浦　里絵	熊本市立北部中学校
大野　敦子	金沢市立大徳中学校
中村　奈緒美	加賀市立山代中学校
竹内　菊子	松山市立久米中学校
粟田　佳代	熊本市教育センター指導主事
合田　紅花	鳴門教育大学附属中学校
橋本　典明	相模原市立大沢中学校
横山　美明	横浜市立上飯田小学校長

【編著者紹介】
筒井　恭子（つつい　きょうこ）
前文部科学省初等中等教育局教育課程課教科調査官，国立教育
政策研究所教育課程研究センター研究開発部教育課程調査官。
石川県出身。石川県内の公立中学校・高等学校教諭，石川県教
育委員会小松教育事務所指導主事，公立小学校教頭を経て，平
成21年4月から平成31年3月まで文部科学省勤務。平成29年中
学校学習指導要領の改訂，中学校学習指導要領解説技術・家庭
編の編集に関わる。平成31年4月から令和2年3月まで国立教
育政策研究所における評価規準，評価方法等の工夫改善に関す
る調査研究協力者として『「指導と評価の一体化」のための学
習評価に関する参考資料〔中学校　技術・家庭〕』に関わる。

中学校技術・家庭科　家庭分野
1人1台端末を活用した授業づくり
題材設定から評価まで

2022年12月初版第1刷刊　©編著者　筒　井　恭　子
　　　　　　　　　発行者　藤　原　光　政
　　　　　　　　　発行所　明治図書出版株式会社
　　　　　　　　　　　　　http://www.meijitosho.co.jp
　　　　　　　　　　　　　（企画）林　知里（校正）井草正孝
　　　　　　　　　　　　　〒114-0023　東京都北区滝野川7-46-1
　　　　　　　　　　　　　振替00160-5-151318　電話03(5907)6703
　　　　　　　　　　　　　ご注文窓口　電話03(5907)6668
＊検印省略　　　　　組版所　中　央　美　版

本書の無断コピーは，著作権・出版権にふれます。ご注意ください。
教材部分は，学校の授業過程での使用に限り，複製することができます。

Printed in Japan　　　　　ISBN978-4-18-287410-9

もれなくクーポンがもらえる！読者アンケートはこちらから→